Decir sí
───────
La malasangre

Letras Hispánicas

Griselda Gambaro

Decir sí
La malasangre

Edición de Rita Gnutzmann

OCTAVA EDICIÓN

CÁTEDRA
LETRAS HISPÁNICAS

1.ª edición, 2011
8.ª edición, 2025

Ilustración de cubierta: Fotografía de Griselda Gambaro

Reservados todos los derechos. El contenido de esta obra está protegido por la Ley, que establece penas de prisión y/o multas, además de las correspondientes indemnizaciones por daños y perjuicios, para quienes reprodujeren, plagiaren, distribuyeren o comunicaren públicamente, en todo o en parte, una obra literaria, artística o científica, o su transformación, interpretación o ejecución artística fijada en cualquier tipo de soporte o comunicada a través de cualquier medio, sin la preceptiva autorización.

© Griselda Gambaro y Ediciones de la Flor de Argentina
© Ediciones Cátedra (Grupo Anaya, S. A.), 2011, 2025
Valentín Beato, 21. 28037 Madrid
Depósito legal: M. 45.596-2011
I.S.B.N.: 978-84-376-2965-0
Printed in Spain

Índice

INTRODUCCIÓN	9
Escribir en tiempos difíciles	11
La política	11
La cultura	15
La obra y temática de Griselda Gambaro	19
Decir sí (1974/1981)	24
La malasangre (1981/1982)	27
Historia, tema y acción	29
Los personajes	34
Tiempo y espacio	42
Puesta en escena y recepción	46
ESTA EDICIÓN	55
BIBLIOGRAFÍA	57
DECIR SÍ	61
LA MALASANGRE	73

Introducción

> Leer es vivir varias aventuras. La de afuera, la de los mundos que la palabra de otro nos acerca. La de adentro, porque esa palabra muchas veces nos descubre mundos interiores que ignorábamos tener y que por eso no teníamos. Ese dentrofuera es un fulgor que aviva nuestra imaginación y agranda nuestra visión. Nos enriquece, nos da tierra segura para que el espíritu camine.
>
> JUAN GELMAN

Griselda Gambaro.
Foto: Lucas Distéfano. Gentileza Editorial Norma, Buenos Aires.

Escribir en tiempos difíciles

La política

En los años 60, Griselda Gambaro fue criticada por escribir sus textos al margen de los problemas de su sociedad —en referencia a dramas como *Las paredes* (1963), *El desatino, Los siameses* (1965) y *El campo* (1967)— y seguir las pautas del teatro europeo de la crueldad de Antonin Artaud o del absurdo y sus maestros Beckett, Ionesco o Pinter, con su ambigüedad temporal y espacial, el aislamiento de los personajes y su carácter abstracto, su inconsecuencia dialogal o la desintegración lingüística así como su falta de acción; críticas atenuadas por el hecho de que se le concedía cierta superación de esas tendencias y un acercamiento al «realismo». Sin embargo, si se considera la temática, es obvio que a los cuatro dramas les une la cuestión del poder y su abuso y la relación víctima-victimario, un juego dialéctico que se prolonga en posteriores obras, incluidas las dos que aquí se editan. Si *El desatino* y *Los siameses* se desarrollan en un espacio privado —lo que de ningún modo excluye el tema del poder y de la subyugación, como se comprueba en *La malasangre*—, *Las paredes*[1] tiene lugar en una prisión y el campo de la obra de 1967 pronto se revela como campo de concentración. La especial situación de la Ar-

---

[1] En cuanto a este drama, T. Méndez-Faith (1985, pág. 836) ve una clara «victimización del individuo por parte del Estado [...] representado por el Funcionario (su cabeza pensante) y el Ujier (su brazo ejecutor)», al contrario de D. Taylor (1989, pág. 13): «los paradigmas de la persecución [...] no son claramente políticos».

gentina en estos años explica gran parte de la cultura y del teatro producidos desde los años 60 y, sobre todo, en las décadas de los 70 y 80.

Una de las grandes lacras de América Latina, como es bien sabido, son las dictaduras militares. Argentina sufrió la primera en 1930, tras el golpe del general Uriburu contra el presidente radical Yrigoyen, hecho que inaugura la «década infame» en el país, con detenciones y represión, proscripción de los candidatos radicales, elecciones amañadas y un nuevo golpe de Estado en 1943 contra el conservador Ramón S. Castillo. Su sucesor, el general Rawson, renuncia antes de tomar posesión y asume la presidencia el general Ramírez, quien a su vez «renuncia» en febrero del 44 debido a un golpe interno de los militares. Asume la presidencia el general Farrel y, primero como ministro de Guerra y luego como vicepresidente, entra en el gobierno el general Perón, destituido y restituido en octubre de 1945, para alcanzar la presidencia en junio de 1946. Su gobierno, defendido o criticado según las diferentes ópticas, se caracterizó, entre otras cosas, por la purga de las universidades, la expulsión de la mayoría de los jueces de la Corte Suprema, la restricción de la libertad de prensa (mediante el suministro racionado de papel), la persecución de los socialistas, etc. Su promesa de una «Nueva Argentina» duró hasta septiembre de 1955, cuando una Junta Militar de la «Revolución Libertadora» toma el poder bajo el mando del general nacionalista-católico Lonardi, que debe renunciar en noviembre del mismo año a favor del general Aramburu. En junio de 1956 estalla una rebelión armada pro-Perón que no cuaja y termina con el fusilamiento de sus líderes. Comienza una nueva época tras las elecciones de 1958, que llevan al radical («intransigente») Arturo Frondizi[2] al poder gracias al apoyo de los peronistas. Las elecciones a gobernadores de 1961, ganadas por los peronistas, llevan a su derrocamiento al negarse Frondizi a que se anulasen los resultados. Se nombra nuevo

---

[2] Su gobierno fue especialmente favorable al fomento de las Artes; en 1958 se creó por decreto el Fondo Nacional de las Artes y, en 1960, se inauguró el Teatro Municipal General San Martín (TGSM), uno de los centros culturales más influyentes de América Latina.

presidente de la Nación al presidente del Senado, José María Guido, hasta las elecciones de 1963 (proscritos los peronistas), ganadas por los radicales «del Pueblo», encabezados por Arturo Illia, con tan sólo el 25 por 100 de los votos; una vez más, su gobierno se interrumpe con el golpe militar de junio de 1966. La «Revolución Argentina», inaugurada por el general Onganía, prohíbe los partidos, interviene las universidades («Noche de los Bastones Largos») y permanecerá en el poder hasta 1973. En mayo de 1970, tras la rebelión de los obreros y estudiantes en Córdoba, el llamado «cordobazo» (1969), y una ola de atentados que termina con la muerte del sindicalista Vandor y el secuestro y posterior asesinato del ex presidente Aramburu, Onganía debe renunciar y se elige presidente al general Levingston, a su vez sustituido por el general Lanusse en marzo de 1971 tras un nuevo levantamiento obrero. Éste intenta volver a un régimen político civil, a pesar de los graves incidentes con la guerrilla, los Montoneros (peronistas) y el Ejército Revolucionario del Pueblo (ERP, trotskista): asalto al Banco Nacional de Desarrollo, asesinato del director de la Fiat y del general Sánchez y, por el otro bando, la muerte de catorce presos en la «masacre de Trelew» (cárcel de Rawson, Patagonia). Durante todos estos años, el peronismo no deja de ser visto como posible solución y como movimiento de liberación nacional. En las elecciones de marzo de 1973, prohibida la candidatura del propio Perón, gana el peronista Cámpora, quien renuncia en julio del mismo año para permitir nuevas elecciones en octubre, ganadas por Perón («fórmula Perón-Perón», es decir, con su mujer María Estela, «Isabelita», Martínez de Perón de vicepresidenta). La escisión del partido peronista entre un ala derecha y otra izquierda se hace patente con la matanza en Ezeiza donde debía aterrizar el avión del general (20 de junio de 1973). El 1 de julio de 1974 muere Perón de un ataque al corazón y asume la presidencia «Isabelita». Entra en acción un grupo paramilitar, la Triple A (Alianza Anticomunista Argentina, bajo control del ministro López Rega), que comienza a asesinar a sindicalistas, intelectuales, estudiantes, periodistas y abogados de izquierda. Paulatinamente, la definición de «subversión» se amplía para incluir hasta la más moderada protesta de la prensa, los sindicatos, los partidos y las universidades y comienzan a «desaparecer» personas y encontrarse cadáveres en el río o en vertederos. En febrero de 1975, el Poder Ejecutivo decreta que las Fuerzas Armadas deben «neutralizar y/o aniquilar a los elementos subversivos». Finalmente, el 24 de marzo de 1976, el Ejército secuestra a la presidenta y, una vez más, una Junta Militar asume el poder, primero bajo el general Videla, seguido del general Viola (marzo a noviembre de 1981) y, finalmente, el general Galtieri (diciembre de 1981). Nada mejor que las palabras del general y gobernador de Buenos Aires, Ibérico Saint Jean, para entender el objetivo de los militares: «Primero vamos a matar a todos los subversivos; después a sus colaboradores; después a los simpatizantes, después a los indiferentes y por último a los tímidos»[3]. En estos años se destruyen todas las instituciones políticas, se degrada la economía (más del 300 por 100 de inflación sólo en 1976) y remonta el malestar social y cultural. Después de la invasión de las Islas Malvinas (abril de 1982) y la consiguiente guerra perdida contra Gran Bretaña, el general Bignone es el nuevo presidente en julio de 1982. Las elecciones de octubre de 1983 las gana el radical Raúl Alfonsín quien estimula la creación de la Comisión Nacional sobre la Desaparición de Personas (CONADEP)[4] y encomienda al Consejo Supremo de las Fuerzas Armadas emprender acciones contra los militares culpables. Éstos, antes de retirarse, habían aprobado una autoamnistía, la llamada «Ley de Pacificación» y, con el nuevo gobierno civil, se resisten a reconocer sus crímenes y protagonizan nuevas sublevaciones. A mediados de 1985 comienzan los juicios contra los militares, pero el gobierno de Alfonsín tiene que rendirse después de varios intentos golpistas y promulgar las leyes de «Punto Final» (diciembre de 1986) y de «Obediencia Debida» (junio de 1987); finalmente, en di-

---

[3] Andrés Avellaneda, *Censura, autoritarismo y cultura: Argentina 1960-1983*, vol. 2, Buenos Aires, CEAL, 1986, pág. 237.

[4] La CONADEP publica su informe al año siguiente, *Nunca más*, Buenos Aires, EUDEBA, 1984. En aquel momento la Comisión sólo recoge las pruebas de 8.961 desaparecidos, pero la cifra probable es de 30.000, aunque recientemente se ha rebajado a 20.000 (cfr. H. Vezzetti, *Sobre la violencia revo-lucionaria. Memorias y olvidos*, Buenos Aires, Siglo XXI, 2009, pág. 85).

ciembre de 1990, el presidente Menem les concede el indulto total. Habrá que esperar hasta la presidencia de Néstor Kirchner para que las anteriores «leyes de impunidad» sean derogadas en junio de 2005.

El informe de la Comisión Argentina por los Derechos Humanos (CADHU) da una idea cabal de lo que significó la última dictadura:

> Todas las garantías individuales y colectivas fueron abrogadas, el Congreso y las Legislaturas provinciales fueron disueltos, el Poder Judicial fue intervenido y purgado, se confió a los tribunales militares los procesos de los delitos de motivación política, se estableció una rígida censura de prensa, se prohibió bajo conminación de prisión toda actividad política, sindical y estudiantil y se abolió definitivamente el derecho de huelga, de raíz constitucional. Miles de ciudadanos fueron perseguidos y recluidos en condiciones infrahumanas en cárceles, buques de la Marina de Guerra y cuarteles militares y policiales transformados en verdaderos campos de concentración [...]. Miles de hogares argentinos han sido allanados y saqueados, y sus moradores maltratados. Muchos de ellos, incluso niños, han desaparecido o han sido asesinados[5].

La cultura

La dictadura o, según los propios militares, «El Proceso de Reorganización Nacional» (apodado popularmente «El Proceso» por su carácter represivo y kafkiano) separa épocas, aunque no tan clara y definitivamente como muestra Andrés Avellaneda en su recopilación de decretos y declaraciones de los gobernantes militares y funcionarios desde 1960. Considera la etapa de 1974 a 1983 como «sistematización»

---

[5] Comisión Argentina por los Derechos Humanos (CADHU), *Argentina: proceso al genocidio*, Madrid, Elías Querejeta, 1977, págs. 9-10. El anterior resumen político se basa, principalmente, en Alain Rouquié, *Poder militar y sociedad política en la Argentina*, Buenos Aires, Emecé, 1982; David Rock, *Argentina 1516-1987. Desde la colonización española hasta Raúl Alfonsín*, Madrid, Alianza, 1988; Félix Luna, *Golpes militares. De la dictadura de Uriburu al terrorismo de Estado*, Buenos Aires, Planeta, 2001.

de lo que se preparaba en años anteriores; ya un decreto-ley de 1957 prohíbe la exhibición de cualquier película sin certificado previo del Instituto Nacional de Cinematografía y, en 1963, se crea un Consejo Nacional Honorario de Calificación Cinematográfica (CNHCC) con la facultad de censurar películas y se advierte contra la «infiltración ideológica» en el cine, concepto central durante los gobiernos militares de 1966 a 1973 y de 1976 a 1983. En 1974, por razones políticas, se prohíben películas como *La Patagonia rebelde,* pero también se censuran la «obscenidad» (en 1958 se destruyen todos los ejemplares de *Lolita,* de Nabokov, y se prohíben las películas *Los amantes,* de Louis Malle, y *El silencio,* de Ingmar Bergman, en 1960 y 1964), la instigación al «delito» (incluso un cuento infantil, *Cinco dedos,* es prohibido por incitación al «accionar subversivo» en 1977), el «menosprecio de los símbolos de la Nación» (la Ley de Radiodifusión de julio de 1965 insiste en que se deben «respetar los símbolos, prohombres e instituciones nacionales o extranjeros») y de los religiosos (prohibición de la obra teatral *El vicario* de Rolf Hochhuth en 1966). Son frecuentes los secuestros de libros considerados «comunistas» (los de Marx, Engels y Lukács, en primer lugar), pero también *Canción de gesta,* de Neruda, y revistas como la uruguaya *Marcha* (1962). Formas indirectas de la censura son la demora de certificados del crédito oficial o la clausura de salas «por razones de seguridad e higiene». En un artículo de 1979, «Desventuras en el País-Jardín-de-Infantes», María Elena Walsh denuncia al «ubicuo y diligente Censor» que ha «convertido nuestro llamado ambiente cultural en un pestilente hervidero de sospechas, denuncias, intrigas, y presunciones y anatemas» y lamenta que «Todos tenemos el lápiz roto y una descomunal goma de borrar ya incrustada en el cerebro» (A. Avellaneda, vol. 2, págs. 184-185; vol. 1, pág. 48). Desde la aparición de la Triple A, numerosos intelectuales y artistas son amenazados y deben abandonar el país (Norman Briski, Alberto Ure, Héctor Alterio, Juan Carlos Gené...) o, después del golpe, son «desaparecidos», como Haroldo Conti, Paco Urondo y Rodolfo Walsh. Tampoco faltaba el recurso a la fuerza física ya antes de la última dictadura: en 1972 se atenta por tercera vez contra el Centro Editor de América Latina y, en 1973 y 1974, bombas incendiarias destruyen los teatros donde se debía representar *Jesucristo Superstar;* hay ataques con disparos al diario *El Mundo,* con explosivos al diario *Noticias* y a la radio *La Voz del Pueblo* de Córdoba...

Si, desde los años 60, el «comunismo» es blanco de la censura, a partir de 1976 se busca su total erradicación mediante una «pedagogía de valores», aparte de la represión física de las personas sospechosas de profesar esa ideología. Se establecen pautas contra la «penetración ideológica» y, con el pretexto de «restituir los valores occidentales y cristianos [...] auténticamente argentinos», se interviene en los diferentes campos de la familia, sociedad, educación, religión, prensa, sindicatos y, naturalmente, en los productos culturales, como literatura, teatro, folklore y música[6] para imponer normas éticas, ideológicas y hasta sexuales. El «Proyecto Nacional» aprobado en agosto de 1977 habla expresamente de combatir la subversión «mediante la educación y la docencia, en todas las edades y sectores, de la familia y la escuela pasando por los medios de comunicación y la cultura» (A. Avellaneda, vol. 2, pág. 159). Un elemento al que se presta especial atención es la familia; se prohíbe la presentación de una imagen negativa de los padres, cualquier justificación de la rebeldía de los hijos, el desvirtuamiento del sexo dentro del matrimonio, el divorcio, el adulterio o la infidelidad, el aborto o escenas de abandono de niños, enfermos o ancianos *(id.,* vol. 2, pág. 155). En ese contexto se produjo la prohibición de la novela *Ganarse la muerte* de Griselda Gambaro por su «posición nihilista frente a la moral, a la familia, al ser humano» y, a finales del mismo año (1977), se suspendió la representación de *Telarañas,* de Eduardo Pavlovsky, por encaminarse «a conmover los fundamentos de la institución familiar» *(id.,* vol. 2, págs. 149, 161). Tanto Gam-

---

[6] Uno de los campos de expresión vigilado con especial atención era la música rock, obviamente considerada de por sí marginal y antisocial y relacionada con el tráfico y consumo de drogas. Como es sabido, en el ámbito del folklore, músicos como Mercedes Sosa fueron prohibidos totalmente.

baro como Pavlovsky entendieron el aviso y huyeron del país[7]. Paralelamente se empieza a hablar de «enfermedad moral» y a ver el «cuerpo» social como infectado. Otra preocupación de los militares es «El fraude semántico» (artículo del general Camps), un «vaciamiento del contenido de las palabras» que va en contra del sentido de las palabras «fundamentales», se supone de tipo «patria», «familia», «orden», etc., es decir, el régimen pretende imponer su «monopolio de nominación» (Pierre Bourdieu) frente a la pluralidad de puntos de vista propia de una sociedad libre. En fin, el periodista e historiador Carlos Ulanovsky resume las diferentes formas de censura de la siguiente manera: no oficial, formulada sobre la base de órdenes verbales, autoritaria sin explicaciones, sistemática y sostenida, restringida o no restringida a un determinado tipo artístico; en cuanto a las varias clases de listas, denuncia: negras, para los autores y artistas más cuestionados; grises, para los vedados parcialmente; blancas, para profesionales con pequeñas limitaciones: «Hubo prohibidos, olvidados, borrados del mapa, presionados, congelados [...]. Prohibidos totales o parciales [...]; prohibidos desde antes de 1976 y prohibidos a partir de 1976» (*id.*, vol. 2, págs. 254-255), es decir, un verdadero «Proceso» kafkiano. Por otra parte, no cabe ninguna duda de que los intelectuales y artistas argentinos estaban mayoritariamente comprometidos con ideas socializantes y que se veían como la conciencia del pueblo por diferentes razones: para unos, por el corte brutal del peronismo en 1955; para otros, por la frustración del proyecto frondicista (basado en la modernización y el desarrollo) y, en general, por la ilusión que despertaban, a partir de 1959, el modelo cubano y los movimientos de liberación nacional del Tercer Mundo. El dramaturgo Carlos Somigliana expresa esta idea claramente al final de la dictadura tras un debate televisivo sobre la censura, que resultó censurado aún en agosto de 1983: «los artistas e intelectuales no estábamos reclamando venganza; pero, como depositarios de la memoria colectiva de nuestro pueblo, nos

---

[7] Otros dramaturgos prohibidos fueron Aida Bortnik, Agustín Cuzzani, Carlos Gorostiza, Ricardo Halac, Roma Mahieu, Carlos Somigliana, Ricardo Talesnik y David Viñas, todos de larga trayectoria.

sentíamos responsables de que nada de eso se olvide para que nada de eso se repita» *(ibíd.)*[8].

LA OBRA Y TEMÁTICA DE GRISELDA GAMBARO[9]

Conocida principalmente por su obra dramática, la autora, en realidad, comienza su carrera literaria con las colecciones de relatos *Madrigal en ciudad* (1963) y *El desatino* (1964, Premio Emecé). Un texto de la primera colección inspiró su guión cinematográfico *La infancia de Petra* y otro de la segunda, «El desatino», se transformó en una versión teatral, puesta en escena el año siguiente en el Instituto Di Tella. Siguieron las novelas *Una felicidad con menos pena* (1967); *Nada que ver con otra historia* (1972, nueva versión del *Frankenstein* de Mary Shelley); *Ganarse la muerte* (1976, relato de aprendizaje feminista); *Dios no nos quiere contentos* (1979, novela sobre la dificultad de alcanzar la felicidad, los sufrimientos humanos y las contradicciones de la nación argentina), es el primer relato de una trilogía en torno al protagonista Tristán, escrita durante el exilio en Barcelona y continuada con *Después del día de fiesta* (1994) y *Promesas y desvaríos* (2004); siguen *Lo impenetrable* (1984, parodia del relato erótico); *Lo mejor que se tiene*

---

[8] Sobre el «campo intelectual» de aquellos años, véanse Silvia Sigal, *Intelectuales y poder en la década del 60*, Buenos Aires, Puntosur, 1991, y Claudia Gilman, *Entre la pluma y el fusil*, Buenos Aires, Siglo XXI, 2003.

[9] La escritora nace en 1928 en La Boca, Buenos Aires (entonces barrio marinero y fabril), de padres argentinos en primera generación, puesto que los progenitores de éstos fueron inmigrantes obreros italianos. En 1955 se casa con el hoy reconocido escultor Juan Carlos Distéfano con el que tiene una hija y un hijo, Andrea y Lucas. Viven en Italia entre 1969 y 1970. Debido a la prohibición de su novela *Ganarse la muerte*, el matrimonio se refugia en Barcelona en julio de 1977. No volverá a Argentina hasta fines de 1980 para instalarse definitivamente en Don Bosco (suburbio al sur de la ciudad de Buenos Aires). Ha ganado múltiples premios nacionales e internacionales, como el premio Argentores (tres veces), el del Instituto Di Tella, el del Teatro General San Martín, el Premio Nacional de Teatro, el Premio del Instituto Internacional de Teatro de la UNESCO y sendas distinciones de las Secretarías de Cultura de Puebla y Guadalajara (México), etc. Su obra ha sido traducida a gran parte de los idiomas europeos y ha sido estrenada en Estados Unidos, varios países latinoamericanos y europeos, los del Este incluidos.

(1998, cuentos); *El mar que nos trajo* (2001, novela sobre la inmigración italiana con elementos biográficos de la propia familia) y *Los animales salvajes* (2006, relatos sobre animales). Además publicó un libro de textos breves sobre lecturas y experiencias personales, *Escritos inocentes* (1999) e historias para niños. Como se ve, al comienzo de su labor literaria, Gambaro alterna o trasforma casi inmediatamente un género (la narrativa) en otro (el drama), caso de *El desatino, Las paredes* y *Nada que ver*; incluso *El campo* parte de un cuento, «El trastocamiento», sobre una visita al campo de concentración de Auschwitz. Posteriormente, la autora prefiere trabajar los géneros por separado, hasta el año 2007, cuando realizó la versión teatral de uno de sus cuentos, «El misterio de dar» (estreno en el Teatro Nacional Cervantes de Buenos Aires en 2008).

Como ya se dijo al comienzo, las primeras obras de teatro de Gambaro fueron clasificadas dentro de la corriente del teatro de la crueldad (K. A. Blüher, 1990) y el absurdo (T. Holzapfel, 1970; O. Pellettieri, 1997)[10], más metafísico que socialmente implicado, en una época en que las expectativas de público y crítica estaban más cerca del «realismo» representado por los dramas de Arthur Miller. En varias ocasiones, la dramaturga ha rechazado esta etiqueta e insistido en su herencia del teatro argentino como el sainete y el grotesco: «la mezcla de lo patético, lo trágico y lo tragicómico que hay en muchas de mis piezas. Eso no sale del teatro del absurdo, eso sale del grotesco» (1983, pág. 13), con especial referencia a Discépolo del que quiere retomar la mezcla de lo patético, lo trágico y lo tragicómico y al que dedica un verdadero homenaje en «Discépolo nuestro dramaturgo necesario» *(Teatro,* Buenos Aires, II, 3, 1981, págs. 42-45)[11]. Tam-

---

[10] P. Zayas de Lima (1983, pág. 147) resume la valoración de *El desatino* en aquel momento: «muy cerca del teatro de Pinter por su acentuada dosis de crueldad», de Beckett, por su «mundo solitario», de Ionesco, por los «discursos sin sentido» y de Arrabal y Genet, por el «clima paródico». No olvidemos que fue esta obra la que suscitó un intenso debate al ser elegida «mejor obra de autor argentino contemporáneo» por la revista *Teatro XX*.

[11] Armando Discépolo (1887-1971); sus obras más importantes son *Mateo* (1923), *Stéfano* (1928) y *Relojero* (1933). Retratan a inmigrantes fracasados, desubicados, en tono grotesco. Dice acertadamente Claudia Kaiser-Lenoir:

poco era ajeno a la catalogación dentro del absurdo europeizante el hecho de que sus dramas *El desatino* y *Los siameses* fueran representados en el Instituto Di Tella, dedicado a la experimentación artística en el campo de la música, pintura, lo audiovisual y el teatro, visto por muchos como una institución elitista en una época de compromiso político y auge populista.

Si abandonamos la forma estética y analizamos el tema de los primeros dramas gambarianos, observamos ya la constatada preocupación por el abuso del poder y las correspondientes relaciones de dependencia y sujeción. *Los siameses,* casi una parábola de Caín y Abel, muestra a las claras esta dependencia y el constante abuso entre dos hombres unidos fatalmente aunque no por lazos de sangre (ni siquiera son hermanos y mucho menos gemelos). Continuamente Lorenzo roba o engaña a Ignacio o descarga la propia culpa en éste y lo expone así a la venganza y el castigo. Ignacio muere en la cárcel, acusado por Lorenzo de la falsificación de dinero de la que el denunciante es autor. La inseguridad, la represión, la arbitrariedad, ciertos personajes como los dos viejos y los policías —aunque exagerados hasta lo grotesco— no son ajenos al ambiente de los años 60 en los que fue concebido el drama. Con razón, M. A. Giella (1989, pág. 75) quiere verlo dentro de la cadena de desencuentros y luchas fratricidas de la historia argentina, como la de los unitarios contra los federales, las provincias contra la capital, el pueblo contra la oligarquía... Asimismo *El campo,* escrito al año siguiente del golpe militar del general Onganía, llamado eufemísticamente «Revolución Argentina», no se debe leer como profecía sino como una realidad en pleno devenir: la conversión del país en un campo de concentra-

---

«desmonta todos los mitos y las instituciones [...] el mito de la familia como núcleo armónico y afectivamente integrado; el del trabajo honrado y constructivo y el de los valores éticos y sentimentales (la decencia, la caridad y el amor al prójimo» *(El grotesco criollo: estilo teatral de una época,* La Habana, Casa de las Américas, 1977, pág. 126). Estos elementos son importantes también en Gambaro. A la recuperación de Discépolo sirvió la publicación de sus *Obras escogidas* (3 vols.) en 1969 con un amplio estudio del crítico y escritor David Viñas, «Grotesco, inmigración y fracaso: Armando Discépolo» (Buenos Aires, Jorge Álvarez).

ción. Lo que, además, tienen en común los primeros dramas es la derrota del personaje débil, bien sea femenino como en *El campo* o bien masculino como en los demás dramas. En todas las víctimas se observa, además, cierta colaboración con su(s) verdugo(s), como el joven de *Las paredes* que llegó a la prisión coaccionado pero prefiere autoengañarse: «me han traído, *(rectifica)* me he llegado hasta aquí» (vol. 4, pág. 15) y que pretende no enterarse del robo de su reloj por parte del funcionario y confirma las mentiras de su guardián. La destrucción psicológica de la víctima termina con su trato como maniquí, sentado en una silla, con una muñeca en brazos y «los ojos increíbles y estúpidamente abiertos», sin capacidad de franquear la puerta abierta. En una mesa redonda con los dramaturgos Roberto Cossa y Ricardo Monti, la propia Gambaro (1983a, pág. 37) expuso su preocupación temática de entonces: «el abuso del poder, la relación existente entre víctima y victimario, el miedo, la asunción de la responsabilidad».

Es cierto que en las obras de los años 70, las alusiones a la situación socio-política del país se hacen más directas. En *Nada que ver* (1972, vol. 4), a la pregunta: «¿Qué va a pasarme?», se contesta: «La gente desaparece»; «subversivos» que pegan carteles son corridos a tiros; se informa a algunas madres de que sus hijos han sido «cosidos a balazos» y el demiurgo Manolo confirma: «Es la guerra [...] ¡Esto está lleno de muertos!», todo ello el mismo año que ocurrió la masacre de Trelew. La obra más comprometida políticamente es, sin duda, *Información para extranjeros* de 1973, en la que se representan escenas de tortura como el «submarino», se recopilan informes de crímenes políticos reales, extraídos de los diarios de la época y se hace especial hincapié en la actualidad: «La pieza responde a nuestro estilo de vida [...]. Estamos en 1971» (vol. 2, pág. 70). No sorprende que algunos críticos quieran distinguir dos épocas en la escritura de la dramaturga, la primera de 1963 a 1971/1972, época de la complicidad de la víctima con su victimario y la consiguiente degradación y humillación e incluso muerte; y la segunda época desde 1973: la toma de conciencia de la víctima y su rebelión. Ambas, además coincidirían con dos formas estilísticas: el «absurdo» y el «realismo crítico» (S. Tarantuviez, 2007, pág. 318; cfr. P. Roster, 1992, pág. 43) y con una mayor referencialidad y menor ambigüedad. Como obras bisagra se ofrecen la mencionada *Nada que ver* y *El miedo*, ambas de 1972, aunque es cierto que dramas posteriores como *Decir sí*, esbozado en 1974 y representado en 1981, aún mantienen las características de la primera época.

También en *El despojamiento* (estrenado en 1983, pero escrito en 1974), aún se sigue este patrón, esta vez con una mujer como personaje central. La protagonista anónima, la Mujer, ha entrado en una oficina en busca de trabajo como actriz y va a ser despojada paulatinamente de todas sus pertenencias personales por el Muchacho, actor mudo: capa, zapato, pendiente; ella incluso colabora voluntariamente al entregarle su falda, es decir, es activa en la anulación de su personalidad. Esta obra es muestra de un nuevo tema que cobra importancia a fines de los años 70: el papel de la mujer, inspirado, al parecer, por el contacto de la escritora con feministas en Francia con motivo de la traducción al francés de su novela *Ganarse la muerte* (1976) (M. Castro y S. Jurovietzky, 1996, pág. 43). En dos de las primeras obras dramáticas no existe personaje femenino alguno; en *El desatino*, la madre Viola es una caricatura del papel materno (desatiende al hijo desde su nacimiento, no le da de comer, se regodea con el joven Luis, presuntamente amigo de su hijo y no se opone a los juegos sádicos de aquel con su hijo); Emma de *El campo* es la típica víctima derrotada, incapaz de cualquier acto de rebelión. Desde entonces la mujer tendrá un papel protagónico, por ejemplo en *Real envido* (1980/1983), *La malasangre* (1981/1982), *Del sol naciente* (1984, aunque situado en Japón, está inspirado en la guerra de las Malvinas y las Madres de la Plaza de Mayo), *Antígona furiosa* (1986, basada en Sófocles, habla de la rebeldía contra la dictadura), *Morgan* (1989, en torno a la resistencia contra la tiranía), *Atando cabos* y *La casa sin sosiego* (1991, ambas contra el olvido y el perdón de los crímenes de los militares)... Algunas mujeres representan el papel de la compasión y la solidaridad, otras encarnan la rebelión contra el poder masculino, en favor de la libertad y la justicia, aunque tampoco falta la que perdió todo por su soberbia o «falta de modestia» (título de un monólogo de 1997). En otras obras con protagonista femenino se añaden nuevos temas como la maternidad y el amor lesbiano *(De profesión maternal,* 1997).

En 1994, con el drama *Es necesario entender un poco,* la autora se vuelca en un nuevo tema, el del «otro», en la persona del letrado chino John Hu llevado por el jesuita J.-F. Foucquet a Francia a principios del siglo XVIII, cuya diferencia sólo provoca incomprensión y desprecio. Aunque se puede interpretar como la falsa oposición entre «civilización» y «barbarie» de Sarmiento, recuerda sobre todo el debate de los «colonizados» del Tercer Mundo y el «Orientalismo» denunciado por Edward Said y otros. Como se ve, se incorporan nuevas épocas y nuevos espacios en sus dramas, como la Grecia clásica, el Japón de los samuráis, China y Francia de principios del siglo XVIII; sin embargo, esta «universalización» no significa el alejamiento de cuestiones y problemas de la realidad argentina, hecho comprobado nuevamente en su obra *Lo que va dictando el sueño* (2002) donde se explora la posibilidad de los sueños y la utopía en la sociedad argentina contemporánea en momentos de cortedad de miras y penuria. Pero estos textos ya están fuera del ámbito de las obras que aquí se editan.

«Decir sí» (1974/1981)

El 28 de julio de 1981 se inaugura un ciclo de teatro, Teatro Abierto '81, de gran importancia para la vida cultural porteña, expresión de la situación «bajo vigilancia» y de la denuncia y del posicionamiento frente al poder militar y sus intromisiones en la vida cultural. El evento fue posible gracias a la colaboración de un amplio número de dramaturgos, actores, directores, escenógrafos, técnicos, etc. El proyecto consistía en que veintiún autores escribieran igual número de obras cortas, en un acto, sin ningún tipo de limitación temática o ideológica y sin ningún tipo de remuneración. El espacio ofrecido para el evento era el Teatro del Picadero, con un aforo de 340 localidades. Participaron veinte directores (a causa de la imposibilidad de estrenar la obra de Óscar Viale, *Antes de entrar dejen salir)* y más de 120 actores (M. A. Giella, 1991, págs. 38 y ss.).

Se planeaba ofrecer tres obras por día durante tres meses. Las sesiones del 28 de julio lograron llenar el teatro hasta la bandera y también las siguientes representaciones obtuvieron el aplauso entusiasmado del público; sin embargo, la noche del 5 al 6 de agosto, tras sólo seis representaciones, el teatro pereció bajo las llamas en un incendio provocado. Pero el proyecto ya había cuajado y hubo numerosas adhesiones y ofertas de otras salas; por su gran capacidad (600 localidades) se eligió el Teatro Tabarís (normalmente dedicado al cabaret), en plena Avenida Corrientes, y se reanudaron las representaciones con igual éxito hasta el 21 de septiembre[12]. La mayoría de las piezas coinciden en denunciar el abuso del poder y examinar la responsabilidad de la sociedad en una situación de alienación y temor (el monólogo de Eugenio Griffero, *Criatura*), la sumisión, la falta de libertad o capacidad de rebelión (Griselda Gambaro; Osvaldo Dragún, *Mi obelisco y yo*), el sistema educativo como instrumento de dominación y creación de «infantes» sin voluntad (Pacho O'Donnell, *Lobo ¿estás?*), la insolidaridad y la pérdida de las ilusiones (Aida Bortnik, *Papá querido*) o la necesidad del exilio y la correspondiente pérdida de identidad (Roberto Cossa, *Gris de ausencia*). En fin, todos veían el teatro como compromiso con la historia y la realidad socio-política, en la línea de las diferentes formas del teatro independiente que habían surgido a partir de 1930.

Decir sí fue escrito en 1974, pero no se representó hasta 1981 en Teatro Abierto. Gambaro usa un patrón frecuente en su primera época, la llegada de un personaje inocente a un lugar al parecer inofensivo (T. Méndez-Faith, 1985, pág. 833). En este caso se trata del Hombre que entra en una peluquería para cortarse el pelo, acto absolutamente rutinario, pero que termina con su degüello. Los dos únicos personajes permanecen anónimos bajo las etiquetas de «Hombre» y «Peluquero», caracterizados, de esta forma, como el hombre común el uno y, el otro, como un profesional corriente, aunque es cierto que Leal Rey en el papel del Peluquero

---

[12] Hubo nuevos eventos de Teatro Abierto entre 1982 y 1985 (se repite el «Teatrazo» de este año en 1986), pero con menor éxito.

mostraba un aspecto algo siniestro. El espacio es convencional, una peluquería en la que se suele celebrar un ritual inofensivo. De igual manera, la ventana y la puerta de entrada son las habituales en este tipo de establecimiento y simbolizan, a la vez, la posibilidad de fuga. Podríamos pensar en la «banalidad del mal» de que habla Hannah Arendt en su libro sobre el nazi Eichmann. La situación de entrada no contiene ningún elemento extraño: el Peluquero, en su lugar de trabajo, descansa hojeando una revista en espera de su último cliente. Tal vez la cantidad de pelos en el suelo podría llamar la atención, aparte de la «mirada cargada, inescrutable» del personaje, pero esto es más bien un detalle narrativo de didascalia igual que su taciturnidad que sólo se descubre posteriormente. Efectivamente, encontramos en la pieza un inusual número de informaciones e instrucciones autoriales que cubren aproximadamente la mitad del texto, muchas de ellas dedicadas a aclarar la actitud psíquica de los dos personajes. La mayoría de ellas se refieren al Hombre y van desde «tímido e inseguro, ansioso, contento, decidido, animado, gran sonrisa», pasando por «triste, turbado, nervioso, humilde» para terminar en «desolado, desorbitado, casi llorando» y un engañoso «feliz» en el momento en que se sella su destino. Por el contrario, para el taciturno Peluquero apenas varían los matices de «inescrutable, inmóvil, oscuro, lúgubre, triste y mortecino, tétrico...»; obviamente los personajes constituyen extremos opuestos sin dejar de ser complementarios. Pronto, sin embargo, la situación se hace extraña debido a la inversión de los roles: el que acudió a ser atendido debe asumir el papel del profesional bajo la mirada inmóvil de éste. Llama la atención que no hay orden directa emitida, sino que el Hombre interpreta los gestos y la mímica del Peluquero como tal y, de esta forma, él mismo establece la jerarquía a la que se somete. En un primer momento, el resultado debía ser hilarante, efecto reforzado por la verborrea banal y contradictoria con la que el Hombre acompaña sus actos. Pero, como en el teatro del grotesco, el espectador paulatinamente va descubriendo la seriedad subyacente. Otros elementos enrarecen el ambiente, como la navaja oxidada que no corta y el perfume maloliente; pero el Hombre cede sucesivamente a la mirada y la parca voz del adversario que ejerce el dominio absoluto en su «territorio», la peluquería. Su único momento de rebelión: «Mire, señor. Yo vine aquí a cortarme el pelo» termina nuevamente en la admisión: «¿Tengo que callarme? Como quiera». Irónicamente, su alivio, al sentarse finalmente en la silla, es decir, asumir el papel que le correspondía desde el comienzo, termina con su sacrificio. Es en este momento cuando el espectador ya no puede dudar del verdadero carácter del Peluquero quien se arranca la peluca y abre la revista en espera de un nuevo cliente. Resulta ambiguo si no engañoso que, en este preciso instante, su actitud tétrica cambie para ejecutar sus actos «delicada, bondadosa y dulcemente».

Al final resulta evidente que la obra no trata de los cuidados estéticos (un corte de pelo y barba) sino de la entrega pasiva de un hombre a su verdugo. La peluquería ha servido como metonimia de un espacio siniestro, como el «matadero» lo fue para Echeverría un siglo antes (y como lo será en *La malasangre* de la propia autora). Sirvió para despistar a las autoridades militares en un momento «bajo vigilancia» y poder hablar de la represión y la violencia, por una parte, y de la sumisión y el servilismo, por la otra, aunque el título apunta directamente a la razón de la victimización y su resultado. La insinuación del Peluquero de que podría haber sido médico recuerda una obra del mencionado Pavlovsky, en la que la habitación de *El Señor Galíndez* se convierte en una sala de operaciones y tres tipos «normales» en médicos-torturadores. La obra pudo ser representada aún en noviembre de 1973.

«La malasangre» (1981/1982)

A la vuelta de su exilio en España, Gambaro escribe una farsa, *Real envido*[13], en torno a un rey medieval y su hija Margarita a la que pretende casar. El argumento y su forma

---

[13] Varios títulos de la autora juegan con la ambigüedad, como ya se vio en el caso de *Los siameses* que no lo son en absoluto o *El campo*, no de recreo,

de expresarlo escondía, por parte de la dramaturga, un intento de tantear hasta dónde se podía llegar a hablar, en la Argentina de los militares, sobre el poder y su ejercicio autoritario. Fue, en palabras de la misma autora, un «buen fracaso» (M. A. Giella, 1991, pág. 40). Pero la pieza puede considerarse el antecedente de *La malasangre,* aunque no fuese representada hasta 1983. Las arcas del Rey (sin nombre) están vacías y la única solución parece el casamiento de la hija con un hombre «solvente» que aporte dinero para «alfombras, calor en invierno, caballos, tapices, cofres» (vol. 1, págs. 11, 27). El rey no permite que la hija, una niña que juega aún al escondite con su padre, se oponga a convertirse en objeto de intercambio y reclame que, llegada la hora, ella elegirá al hombre que le plazca. Se convoca un concurso en el que los caballeros deben superar tres pruebas, pero los pretendientes, pobres y hambrientos, sólo piensan en comer o huir. Por fin la llegada del caballero Felipe con su lacayo Valentín parece encaminar el asunto a buen puerto; sin embargo, el caballero resulta ser sordomudo y rígido como un muñeco y sólo sabe emitir una «risa escalofriante». El rey, disgustado con su hija que declara haber elegido a Valentín, manda ahorcar al lacayo y acepta como hija suya a Margarita 2, niña tonta y dócil traída por su consejero Natán, mientras su verdadera hija muere al pie de la horca. Dado que se trata de una farsa, los amantes conversan postmortem y vuelven a la corte de Margarita 2, que ha tomado el mando tras la muerte de su Caballero mientras el rey ha decaído en un estado senil. Cae el telón sobre el «cuadro viviente» del nuevo reinado con caballeros y lacayos petrificados en un largo besamanos. Existen obvias coincidencias con los personajes de *La malasangre:* el rey es sustituido por el padre Benigno (fal-

---

como pensaría un argentino automáticamente o *Nada que ver,* que no sólo se refiere al *Frankenstein* de Mary Shelley, sino también al estado de terror del país en aquel momento (cfr. Gambaro, en Giella, Roster y Urbina, 1983, pág. 34). El «envido» del título *Real envido,* según el diccionario (RAE o María Moliner), se refiere tanto a una apuesta en el juego de mus como a un empujón o un ofrecimiento. Por su parte, *La malasangre* expresa la irritación de la protagonista, tal como anuncia la traducción francesa, *La rage au ventre,* pero también puede referirse a una persona malvada («tiene mala sangre»).

ta aún la madre); el Caballero Felipe se convierte en el novio de los Campos Dorados; la niña Margarita, en Dolores; el lacayo Valentín, en el tutor Rafael y el papel del verdugo Sansón recae en el criado Fermín. La joroba de Rafael ya se anuncia en la figura torcida del verdugo (obviamente en un papel opuesto) y hasta su juego de palabras anticipa la posterior pieza: «REY (A SANSÓN).—¡Enderézate, torcido! SANSÓN.—¿Cómo me voy a enderezar torcido? [...] lo torcido, es torcido» a lo que contesta el rey: «Y lo que manda un rey, ¡derecho!» (íd., pág. 17). También la prepotencia del rey se parece a la de Benigno: «¡quiero porque soy rey! Cuando un rey dice quiero, ¡todos violín en bolsa! Boca cosida» (íd., pág. 13). «[BENIGNO].—Yo dicto la ley. Y los halagos. Y los insultos» (vol. 1, pág. 60); asimismo la risa «espasmódica» de éste recuerda la «escalofriante» del Caballero Felipe. Como dice la autora, en la pieza se trata el tema de la codicia, voracidad y crueldad y para resaltar la estupidez y la «tontería» se usa un tono farsesco, elemento que falta en *La malasangre*, en la que se pone el énfasis en lo trágico. Además ha habido un cambio en el papel protagónico que pasa del padre a la hija. Leído el texto hoy, puede sorprender que los militares parecían considerarlo «subversivo» (o, según desde dónde se mire, que viesen su «subversividad»), puesto que, tras su estreno en febrero de 1983, el Teatro Odeón fue clausurado durante unos pocos días, según Avellaneda (vol. 2, pág. 238) debido a una escena con tres muñecos que pudo haberse visto como alusión a «los miembros de la Junta Militar y al presente».

Historia, tema y acción

Al estrenarse *La malasangre* en agosto de 1982 se creó cierta expectación, puesto que la autora no había presentado nada en Buenos Aires desde 1976, aparte de la pieza corta *Decir sí*, y ésta dentro del amplio ciclo de Teatro Abierto como se acaba de ver. Una noticia *anterior* al estreno como la del diario *Clarín* (12 de agosto de 1982, Espectáculos, pág. 3) hace hincapié en «el regreso de una autora singular», la reaparición de Lautaro Murúa (en el papel del Padre), actor chileno ausente de los escenarios porteños desde 1974, el binomio Yusem-Galán (directora y escenógrafa) y el encanto especial de la actriz y estrella de televisión Soledad Silveyra. Pero aparte del atractivo de estos nombres, el anuncio del «asunto» debía suscitar interés especial, puesto que «transcurre en 1840» que permite una lectura como «algo que nos ha pasado a todos en los últimos años», afirmación de Yusem, ampliada por la actriz Silveyra: *«La malasangre* describe un mundo salvaje, el de entonces y el de ahora». Como se verá más adelante, es precisamente este «asunto» y su doble interpretación lo que pronto provocó algún incidente en el teatro.

La historia[14] que se desarrolla en el escenario es sencilla: un hombre rico y poderoso contrata a un maestro para su hija. A pesar del defecto físico (una joroba) de aquél, ésta se enamora y, ante la oposición del padre, la pareja decide huir. Gracias a la traición de la madre, el padre elimina al indeseado maestro con la ayuda de su criado. En vez de un final feliz, nos encontramos con un muerto y la hija rebelde reducida al silencio. Si contamos la historia de esta manera, nos damos cuenta de su parecido con un cuento de hadas al revés o de una historia romántica con final desgraciado como era frecuente en el siglo XIX. Existen varios elementos que apoyan esta lectura: la diferencia de clase (aparte de la «monstruosidad» del hombre) que impide que el amor se realice; el cambio brusco del desprecio al amor y éste como un sentimiento absoluto que domina todo; el obstáculo en el personaje del pretendiente rico destinado a ser novio oficial de la niña; el villano en figura del padre; un ambiente amenazante; la concentración de los ayudantes en el polo del «mal»; el maniqueísmo presente en la constelación de los personajes...

Sin embargo, existe otra historia que se desarrolla paralelamente: la pública. Comienza en el mismo momento de la historia privada gracias a los roles sociales que cada uno desempeña: el maestro que sustituye a otro recientemente despedido

---

[14] «Historia» se usa aquí en el sentido de material temático o contenido narrativo; cfr. G. Genette, *Figuras III*, Barcelona, Lumen, 1989 (original de 1972).

por capricho del poderoso; el poder absoluto de éste tanto en el ámbito familiar como en el público (los vendedores de «melones» no vocean su producto por deferencia hacia él, quien parece ser quien ordena los degüellos, como denuncia su hija: es «el señor que corta cabezas») y el maltrato gratuito infligido a los aspirantes a un puesto laboral; el novio oficial, como representante de la sociedad (ganadera en aquel momento) que colabora con la dictadura y acepta excesos como eliminar a los adversarios bajo el pretexto de la «paz» y el bienestar (propio); la falta de tacto no es individual sino de la «época», como insiste Dolores (Escena V) y, en la misma escena, el comentario del padre de que las damas necesitan «Mano fuerte» y, tras una pausa interrumpida por el carro de «melones», sigue: «Y no sólo las damas»; el papel de Fermín no se limita al de criado sino que incluye el de verdugo parapolicial, como fue la Mazorca en época de Rosas y, naturalmente, el mismo paso del carro con las cabezas humanas... Efectivamente la fecha de la acción, 1840, provoca en el público argentino inmediatamente el recuerdo de la dictadura de Juan Manuel Rosas (1829/1832; 1835/1852)[15], época en la que lucharon los «unitarios» contra los seguidores de éste, los «federales». 1840 es conocido como el año del terror en Buenos Aires; tras la retirada del general unitario Lavalle, fueron saqueadas las casas y centenares de unitarios (o sospechosos de serlo) degollados por la Mazorca parapolicial. Pero, antes que basarse en archivos históricos, la autora siembra alusiones a textos literarios como la novela *Amalia* (1844), de José Mármol, y *El matadero* (1838/1840), de Esteban Echeverría. Con la primera tiene en común el gobierno de terror del año 1840, el intento de huida a Montevideo de los enamorados, la matanza de los oponentes políticos, y la historia de amor fracasada (el joven

---

[15] Gambaro practica en este texto un contra-revisionismo: a partir de 1930 los historiadores revisionistas buscaban analogías entre el pasado (Rosas) y el presente (Perón) para ensalzar la alternativa que, según ellos, proponían (antiimperialismo, independencia política y económica, apoyo en las masas...); al contrario, en *La malasangre,* se recupera la imagen del dictador sanguinario de los escritores de la Generación de 1837.

amante muere asesinado mientras que ella parece sobrevivir)[16]. Con respecto al segundo texto, como en el drama de Gambaro, el sacrificado es un intelectual y el espacio se ha degradado en «matadero» que funciona como metonimia para el conjunto del país. A pesar de que los signos de la época de Rosas son obvios, como el color rojo para la decoración y la vestimenta (obligatorio como la «divisa punzó» a partir de 1832 para mostrar fidelidad al gobierno), los unitarios declarados «salvajes, inmundos, asquerosos» (Escena II), Montevideo («del otro lado del río») como puerto de salvación y la alusión al baile de los negros, el candombe, los espectadores no se dejaron engañar; no sólo traducían el autoritarismo del «pater familias» en autoritarismo estatal sino también entendieron que se trataba de una alegoría de su propio tiempo. No hacía falta un anacronismo como la palabra «genes» (inexistente hasta principios del siglo XX) para entender el «mensaje». El comportamiento autoritario y brutal de una y otra dictaduras y la impunidad con que se ejerce se parecían demasiado; la imagen de la familia dominada por la autoridad paterna correspondía a la divulgada por los militares; el silencio impuesto a la sociedad civil; la llamada a no olvidar, para no «degollar la memoria» (Rafael, Escena III); la necesidad de ver al muerto para que no fuera un «desaparecido»; el ruido del siniestro carro que recordaba el de los ominosos Falcón verdes; el ambiente claustrofóbico... y, finalmente, el deseado (y temido) grito de libertad: «¡Ya no tengo miedo! ¡Soy libre!», todo ello formaba parte de las experiencias de los espectadores en los últimos años.

---

[16] La historia de amor prohibida también recuerda el intertexto de Camila O'Gorman y el cura Ladislao Gutiérrez, ejecutados por Rosas en 1848. Ha servido a muchos escritores argentinos para hablar del propio presente como el poeta Enrique Molina en su novela *Una sombra donde sueña Camila O'Gorman* (1973), la directora de cine María Luisa Bemberg, *Camila* (1984, con una Camila igual de rebelde que Dolores contra el poder político, patriarcal y la sociedad) y el dramaturgo Ricardo Monti, *Una pasión sudamericana* (concebida durante la dictadura y terminada en 1989). Ya Borges tomó en su cuento «Pedro Salvadores» *(Obras completas,* II, Buenos Aires, Emecé, 1989) la época de Rosas (el año 1842) para denunciar el primer peronismo; tema parecido desarrolla Andrés Rivera en *En esta dulce tierra* (1995) con un médico que se refugia huyendo de la Mazorca, en 1839, en casa de una examante perversa, esta vez en alusión a la última dictadura.

Obviamente, el *tema principal* del drama es el ejercicio arbitrario del poder, tanto en el espacio privado de la familia como en el socio-político del estado. Desenmascara las pretensiones de una familia «normal» con padres afectivos, preocupados por el bienestar de la hija y, en justa correspondencia, el respeto y cariño de ésta, es decir, la familia «solidaria, comprensiva y unida por el afecto» y «la solven[cia] moral de la autoridad» (paterna o del estado) proclamados por la dictadura militar (A. Avellaneda, vol. 2, pág. 172). Pero, igualmente, se ocupa de la situación de la mujer, como muestran las diferentes actitudes de madre e hija enfrentadas a la subyugación. En la figura de Rafael está presente la discusión en torno al papel del intelectual en la sociedad de aquellos años (todavía de actualidad hoy en día). En más de una ocasión Gambaro (1992, pág. 227) ha explicado la finalidad de su teatro: «producir una lectura transformadora de la realidad, [...] ensanchar sus límites, alterarlos, imaginarlos de otra manera». En este drama aboga claramente por el derecho a la libre decisión, a favor de la solidaridad con el pobre y débil (tema central en *Del sol naciente*) y la necesidad de la responsabilidad individual en la lucha por la libertad y la justicia.

La *acción*[17] comienza *in medias res* de la selección de un nuevo preceptor y termina con su eliminación y, con respecto a la protagonista, con el rechazo del mismo al principio y el lamento por su muerte al final. El hecho de que el drama no se divida en actos y escenas tradicionales sino en ocho unidades llamadas «escenas», sin ninguna subdivisión para salidas y entradas de los personajes y que, por añadidura, (casi) se respete la unidad del espacio, hace que la acción cobre mayor fluidez. La mayoría de las escenas desarrollan la relación principal entre Rafael y Dolores (desde el desprecio hasta el amor y la necesidad de huida), pero también se ocupan de las de-

---

[17] En semiología «la acción es [...] el elemento que permite pasar lógica y temporalmente de una *situación* a otra. Es la serie lógico-temporal de las diferentes situaciones» y pasa «de una situación de salida a una situación de llegada», es decir, coincide con lo que Aristóteles llama la *fábula*, compuesta por principio, medio y final (P. Pavis, *Diccionario del teatro*, Barcelona, Paidós, 1998, pág. 21).

más relaciones y muestran situaciones de transgresión. Expuesto esquemáticamente, obtendríamos las siguientes situaciones:

I. Contratación de Rafael como maestro; oposición de la pupila Dolores. —Relaciones conflictivas entre los padres y humillación del maestro por su patrón.
II. Estudios y nuevo conflicto entre maestro y pupila que culmina en la bofetada infligida a ésta y el consiguiente castigo del primero.
III. Estudios y el intento de reconciliación por parte de Dolores y su declaración de amor.
IV. Escena de comunicación entre madre e hija; ausencia física de Rafael aunque presente en la declaración de Dolores: «estoy enamo-ra-da». —Violencia de Benigno contra su mujer.
V. Presentación del novio oficial; intento, por parte de Dolores, de incluir a Rafael en el juego social que surte el efecto contrario: el maltrato y la humillación de éste. —Comportamiento grosero del padre con la Madre y del novio con Dolores.
VI. Estudios y declaración de amor indirecta (a través de la poesía de Hugo) de Rafael. —Amenazas de Fermín.
VII. Escena dividida en dos partes: desarrollo del noviazgo oficial (presencia de la madre y del novio); planes de huida de los amantes ante la amenaza de la boda impuesta.
VIII. Desenlace: frustración de la huida certificada en el cuerpo sin vida de Rafael; rebeldía de Dolores contra sus padres y constatación de su libertad.

Los personajes

En la acción participan seis personajes, marcados claramente por sus lazos familiares y la relación de poder-sujeción entre ellos. Si aplicáramos el esquema semiológico, tendríamos, de un lado, a Dolores y su ayudante Rafael y, del otro, Benigno y sus ayudantes, los demás personajes. Pero resulta más fecundo un estudio de las cambiantes actitudes y relaciones de los personajes principales[18]. Benigno es quien ejerce el poder absoluto, padre y dueño de la casa (estancia); a él están subordinados los miembros de su familia (su mujer y su hija) y los de la servidumbre, representada por Fermín. Los restantes hombres son: el novio oficial, libre del poder de Benigno y su par y Rafael, preceptor sometido y humillado por su poderoso amo y novio elegido por la hija. La contrafigura del padre, a partir de la segunda escena, es claramente Dolores; son los dos verdaderos antagonistas que luchan hasta el final. Los personajes, antes de constituir caracteres complejos, representan actitudes o valores; la única que sufre una auténtica evolución es Dolores. Los personajes, además, forman parejas según su relación o situación, a la vez que constituyen antítesis. Por ejemplo, el padre Benigno forma pareja con su mujer y ambos, a la vez, constituyen la antítesis de poder y sometimiento totales. Lo mismo ocurre con la pareja madre-hija que simultáneamente se contraponen como símbolo de la rendición y humillación frente a la lucha y rebeldía. Si Rafael y el de los Campos Dorados tienen en común el hecho de venir del exterior de la casa y ser «novios», son opuestos por su monstruosidad exterior y la belleza interior (el primero) y la belleza exterior y la falta de inteligencia y tacto (el segundo). En otros casos predomina la oposición: la víctima Rafael frente a su torturador físico, el criado Fermín y su torturador-instigador intelectual, Benigno. Esta relación cambiante y hasta cierto

---

[18] Los personajes se definen por su función (dentro de la acción), relación (con los demás) y evolución (o no). M. Pfister, en *The Theory and Analysis of Drama* (Cambridge, Cambridge University Press, 1988), distingue dos técnicas de caracterización: *figural* y *autorial*. La autorial se divide en explícita (en las acotaciones, nombres explicativos) e implícita (relaciones de correspondencia y contraste, nombres que implícitamente caracterizan). Las técnicas figurales explícitas son el auto-comentario y el comentario de otros; las implícitas, no-verbales (fisonomía, expresión mímica, estatura, gestos, máscaras, comportamiento...) y verbales (timbre de voz, formas verbales como idiolecto, sociolecto, dialecto...).

punto ambigua se repite en el tema del amor-odio que subyace al drama y que se introduce ya en la primera escena, en la que la Madre por única vez se atreve a enfrentarse al Padre y «suavemente» lo reta: «Te odio» para retractarse en seguida, prácticamente bajo tortura (el Padre le tuerce el brazo fuertemente) y le concede: «Te amo». Naturalmente es Dolores la que se encarga de expresar con toda lucidez esta contradicción cuando le explica a Rafael que a la madre le gustaba tocar el piano: «Pero mi padre odia todo placer que no provenga de él. Como no puede dar placer, da odio. Y lo llama amor [...]. Y lo más curioso es que... también ella llama amor al odio de mi padre» (Escena VI).

El Padre, representante del poder absoluto y su ejercicio cruel (su nombre Benigno resulta obviamente irónico) es el primero que se impone al espectador al abrirse el telón y es el último que queda en el escenario al caer éste, aunque la acotación ahora indica: *«Mira de soslayo [...] con los ojos perdidos»*, mientras que la primera acotación le presentaba como una figura imponente, *«de espaldas, enteramente inmóvil»* que observa desde la ventana, *«mirando hacia abajo»* a un grupo (invisible para los espectadores) de aspirantes a preceptor. Los elementos extra-verbales, como su posición elevada, la figura recta e inmóvil, reforzada por la riqueza del salón que lo rodea, separado de los peticionarios por el cristal de la ventana, indican lo que en la conversación con la Madre se confirma a continuación: la mirada fiscalizadora convierte al mirado en objeto. Mediante repetidas negaciones rechaza a todos los aspirantes que abajo soportan el frío y la lluvia: «Ninguno me gusta. Ninguno me gusta de ésos. No hay uno que valga nada». Su desprecio hacia el otro se hace evidente cuando reduce al candidato señalado por su mujer al estado infantil y pretende expresar su pensamiento prestándole su propia voz mientras lo hace expulsar brutalmente: «¿Qué hice, qué hice? ¿Por qué me echan? Yo estaba ahí en la fila, ¡buenito!». Ante su esposa, afirma su autoridad mediante la ironía y la repetición del pronombre personal y las frases tajantes e imperativas (aparte del insulto): «¡Sólo mi cara tenés que mirar, puta! [...] Yo dicto la ley. Y los halagos. Y los insultos. Dije lo que dije». La primera escena da las pautas para su comportamiento con respecto a las personas que contrarían sus mandatos y deseos: si en la Escena III mima a su hija y la trata como a una niña pequeña al sentarla en sus rodillas, en la Escena V le pega en la boca y le aprieta el hombro fuertemente para hacerla callar con el aviso: «Necesita una mano fuerte [...]. Mano fuerte en guante de seda. Es lo que necesitan las damas». Otro rasgo suyo es la falta de confianza: sospecha de los demás y hace vigilar al nuevo profesor y su hija, utilizando tanto a su mujer como al criado Fermín. Como ya se vio, domina a la Madre por la fuerza bruta (de la que los hematomas en su brazo dan testimonio), pero también con humillaciones, llamándola «puta» o «la vieja» delante del futuro yerno, y anulando su personalidad hasta tal punto de hacerle creer que ella había abandonado la música voluntariamente. Disfruta exhibiendo su superioridad ante el público (en este caso Juan Pedro): «La señora no duda. ¡Es una buena oportunidad para que exista!» (Escena V), en irónica alusión a Descartes[19]. También la agrede sexualmente al tocarle groseramente el seno, dejando claro a la vez su desprecio por ella. Adolece de una sexualidad perversa y reprimida[20]: siente una atracción morbosa (*«Vagamente lascivo»*, Escena I) por tocar la joroba de Rafael y confiesa «Lo otro a oscuras»; demuestra su autoritarismo machista al declarar que las «niñas sólo necesitan saber que dos más dos son cuatro», idea completada en un contexto parecido por Juan Pedro, su copia juvenil: «Ya sabe lo que una mujer debe saber y el resto... se lo enseñaré yo», es decir, se comporta como el macho que ve en la mujer la hembra para su placer (Escena VII).

---

[19] Se detecta en este momento la mano de la autora, puesto que Benigno no parece tener más que una educación básica como muestra su «broma estúpida» de «divertir» al profesor y su hija con melones ensangrentados porque estudian demasiado (Escena II). Resulta irónica la afirmación de que necesita silencio para «pensar», puesto que se expresa en el contexto del maltrato a su mujer a la que tiró la tapa del piano sobre las manos y el grito de dolor de su hija al enterarse del asesinato de su amado Rafael (Escenas V y VIII).

[20] Incluso la relación con su hija, al sentarla en sus rodillas, ha provocado alguna discusión acerca de una posible alusión al incesto, sobre todo entre los que querían ver una estrecha relación entre la figura de Benigno y Rosas y, con ello, con su hija Manuelita.

Rafael es la víctima propiciatoria del déspota; debe su elección como preceptor, en primer lugar, a su actitud «irregular» al dar saltitos para calentarse durante la espera, en vez de guardar la fila rígidamente como sus competidores «disciplinados» y, en segundo lugar, a su deformidad física al cargar con una joroba, la que parece asegurar que ni la madre ni la hija «se calienten» por él como afirma el Padre. Es la pobreza la que lo empuja a entrar como tutor en la casa del tirano. Reúne en su personaje los contrastes favoritos del romanticismo: la belleza interior y la monstruosidad exterior (pensemos, por ejemplo, en el jorobado de Notre Dame de Victor Hugo), aunque ésta sólo en forma de giba, mientras la cara y la expresión condicen con su interior, «sereno y manso» o puro como indica su nombre de arcángel. Su deformación será objeto de escarnio y humillación por parte de los poderosos, incluida Dolores en un principio, y de castigo en el momento en que muestre falta de subordinación u oposición. Sin embargo, no es ridículo en ningún momento sino que: «la contradicción hermosura/grotesco conlleva un elemento de dignidad y autoafirmación» y «transgrede el concepto tradicional e idealizado de personaje heroico» (E. Giordano, 1992, pág. 65). Representa al intelectual (domina el latín y el francés, lengua de diplomacia y de prestigio durante varios siglos, y las ciencias) y la decencia y honestidad. No tiene ningún defecto de carácter como solía ocurrir en la época retratada: el Romanticismo. Sin embargo, no es un personaje activo que cambia situaciones sino una víctima pasiva, aunque se convenza de y responda al amor de Dolores y por ello comparta el intento de huida. Sirve, sobre todo, para la evolución y toma de decisiones de quien es la verdadera protagonista, Dolores.

Dolores se autoafirma desde el comienzo al interrumpir la presentación de cortesía hecha por la Madre con un seco «[Soy] Como soy» (Escena I). En las primeras dos escenas se comporta como una niña mimada y malcriada, altiva con el nuevo tutor y autoritaria como su padre, hasta en el uso del lenguaje: «Nadie hace que me guste nada. ¡Nadie hace gustarme nada!» (Escena I). Humilla a Rafael por puro placer y lo tutea como si fuese un criado. Abusa del poder que le da su clase y riqueza («Orgullosa con el estómago lleno» la llama Rafael) hasta provocar la bofetada de éste al repetir el insulto «¡Ser-vil!», evidente juego malicioso de palabras. Juega a la niña para convencer al padre de que castigue al profesor, sin medir hasta dónde puede llegar el castigo; sólo al ver la imponente figura de Fermín en el rellano de la puerta se da cuenta *«y rompe a llorar angustiosamente»* (final Escena II), punto de inflexión en su actitud hacia Rafael que la lleva del desprecio al amor. Sin embargo, posteriormente provocará nuevas humillaciones involuntarias al insistir en su igualdad e invitarle a beber (le sirven una taza que le quema los dedos) y bailar (es rebajado al papel de mujer en un baile que se parece a una tortura, Escena V). Finalmente es el poder de convicción de Dolores lo que hace que acepte el amor y que quiera huir con ella cruzando el río, lo que sellará su destino. El carácter de Dolores también se mide en las confrontaciones con los demás personajes. Aunque compadezca a la Madre y aún le tenga cariño, como comprueba la Escena IV, le muestra un claro menosprecio al mandarle buscar su bordado, llamándola «perrito» para denunciar su papel de sumisa y espía del padre. Una vez enterada de su traición denuncia todos sus defectos: «Envidiosa [...]. Envidiosa de que los otros vivan [...]. Miedo. Tímida de todo [...]. Miedo de vivir hasta a través de mí. Humillada que ama su humillación» (Escena VIII). Al novio elegido por el padre se enfrenta con ironía para subrayar su falta de inteligencia, pero también le reta abiertamente echándole en cara su bienestar y su «paz» de los que otros carecen (Escena V). Desde el comienzo es obvia su distancia crítica hacia el padre: se mofa de su «bondad», «desbordante como un río... que ahoga» (Escena I) y lo llama «imbécil» (naturalmente en su ausencia) por querer enseñar el latín en «una ciudad salvaje» (Escena II). En la intimidad con la madre, lo denuncia como tirano «que corta cabezas» y hace «proyectos con las personas» sin tener en cuenta la voluntad de éstas: «Nunca existe "con vos", siempre contra» (Escena IV). Como pide la creciente gradación, el máximo enfrentamiento tiene lugar al final (no existe una «peripecia» aparte en el drama), primero con la madre y luego con el padre que pretende aún dominarla, primero mediante órdenes, luego mediante la fuerza con una bofetada. Pero Dolores se erige en acusadora y su grito en «una especie de alarido clarificador» en palabras de la propia dramaturga (1983, pág. 31) y exige su derecho a la libertad: «Ya nadie ordena nada [...]. ¡Ya no tengo miedo! ¡Soy libre!» y le espeta: «¡El silencio grita! ¡Yo me callo, pero el silencio grita!»[21].

Los tres restantes personajes son secundarios; cumplen una función dentro del entramado, ninguno como ayudante de la protagonista. La Madre, sin nombre[22], porque el marido ha anulado su identidad, es el objeto de la humillación física, psíquica y sexual por parte del Padre, al que sirve de ama de casa y anfitriona en actos oficiales, como la recepción del futuro yerno; también debe espiar a la hija y a su profesor y a su novio oficial, aunque con éste pretende no enterarse de su mala conducta (Escena VII). La Madre ha aceptado su papel hasta tal punto que ni siquiera en la intimidad con su hija se permite reírse libremente y dejarse llevar por sus sentimientos (Escena IV). Víctima ella misma se convierte en victimaria de su hija, aunque no está claro si denunció a Rafael y Dolores por «envidia», como mantiene ésta, o si fue por miedo al maltrato del marido en el caso de que la huida hubiese tenido éxito.

El novio oficial se caracteriza por la falta de inteligencia y es, como ya se dijo, la imagen, en más joven, del Padre: como indica su nombre «de los Campos Dorados» proviene de la misma clase pudiente[23], incluso muestra su riqueza de forma ostentatoria al vestirse «excesivamente» bien; le falta inteligencia y tacto; acepta que el precio de la paz incluya las «cabezas cortadas»; rechaza la joroba de Rafael sin reparar en

---

[21] Un espectador recordaba que el 14 de junio del mismo año, las Madres en la Plaza de Mayo gritaron hacia la Casa Rosada (del gobierno): «Nos vamos, nos callamos, pero nuestros hijos muertos seguirán pidiendo explicaciones».

[22] Tampoco hay ninguna descripción física de ella, mientras que todos los demás personajes la tienen.

[23] Una vez más, Dolores expresa con clarividencia la situación: «DOLORES.—*(Simula ingenuidad)*: ¿Por qué? Papá tenía unos campos para vender, Juan Pedro unos campos para comprar. Papá está bien relacionado y Juan Pedro está mejor. Papá aprueba y Juan Pedro aplaude. Y los dos dicen que los inmundos, salvajes, asquerosos, deben morir. Y esto abarca mucho» (Escena VII).

su capacidad profesional y se toma en tres ocasiones las mismas «libertades» sexuales que el Padre en momentos en que se siente no observado (Escenas V y VII). En el caso de Fermín tiene más interés que el personaje en sí, un tanto estereotipado, su relación con Dolores. Ejerce de mayordomo en la estancia y es la mano derecha y ejecutor de las órdenes y los crímenes de su dueño, papel en el que se regodea, como queda claro en los maltratos que inflige a Rafael y en la escena del melón en la que simula que va a sacar una cabeza humana. A Dolores le recuerda constantemente su especial atención: le llevaba el chocolate, le traía regalos..., al parecer debido a haberla visto nacer (Escena VI). Sin embargo, su devoción no está libre de amenaza y perversidad cuando advierte «no hable tanto con el jorobado» y exige premios por sus regalos (que en realidad horrorizan a la joven) y Dolores debe ceder y dejarse besar el pie mientras él «tiende tímidamente la mano hacia el tobillo», como si se atribuyese algún derecho sobre su cuerpo (Escena VI).

Resumamos: Dolores ocupa claramente el centro de todas las acciones, impulsadas en parte por su padre pero siempre seguidas y terminadas por su voluntad. Al final se ha cumplido la premonición de su nombre y ha sido vencida por el poder efectivo del padre y su esbirro, pero se ha rebelado contra él y su régimen político (con la esperanza de que en un futuro no muy lejano éste se revisará: «En esta casa mando yo *todavía*» dice el Padre al final) y contra su poder patriarcal que subordina a la mujer; ha puesto el amor por encima de las comodidades económicas; ha luchado contra el tratamiento del intelectual como lacayo; ha arrancado las máscaras de la hipocresía social (el matrimonio como negocio) y ha sabido reconocer el verdadero ser que se esconde bajo un cuerpo deforme (la joroba que es recta) o bello (la belleza que encierra la lascivia, el desprecio por el «inferior» y el interés económico). Su grito final, aunque ahogado por el silencio impuesto por el Padre, anticipa el último grito de Antígona «furiosa» (drama de 1986) antes de suicidarse: «*(Furiosa.)* ¡El resto es silencio! *(Se da muerte. Con Furia)*» y la premonición de las brujas, al caer el telón en *La señora Macbeth* (2004), de que, en el futuro, los pobres se amontonarán en «un grito de furia. ¡Macbeth! ¡Macbeth!, contra el tirano la furia, mi señora» (2003, pág. 85; cfr. R. Gnutzmann, 2006a).

Tiempo y espacio

La acotación inicial indica claramente «Un salón hacia 1840» y fija de esta manera como *tiempo* la época de la dictadura de Rosas. El punto de partida en el escenario es el momento
de la selección del futuro preceptor; sin embargo, el primer diálogo entre Padre y Madre aclara que ya existe una historia anterior, la de aquel profesor despedido por sospechas del Padre («La madre se me calienta...»). Aunque, al final del mismo acto, Dolores nos informará de que aquel profesor duró sólo quince días, no sabemos exactamente en qué momento ocurrió. Incluso hay otro tiempo más lejano, en el que, por ejemplo, tuvo lugar el episodio en que el padre dejó caer la tapa del piano sobre las manos de su mujer para hacerla callar. Pero el tiempo representado para el espectador (lector) en las ocho escenas sólo arranca en aquel momento de observación y transcurre de forma lineal hasta la caída del telón, aunque, en su devenir, aparecen ciertas lagunas[24]. No existe indicación alguna (ni en las didascalias, ni en los diálogos) acerca del tiempo transcurrido entre la Escena I y la II. El hecho de que el profesor y su alumna hayan progresado ya hasta la gradación del adjetivo en latín puede indicar el paso de algún tiempo, pero no es un indicio irrefutable (Dolores ya recibió clases de otro profesor). Por el contrario, la laguna de tiempo transcurrido entre la Escena II y la III no sólo se refleja en el cuerpo aún más torcido de Rafael, sino también se menciona en la confesión de Dolores: «En *tres días* me olvidé de todo» (III).

---

[24] Semiólogos del teatro como A. Ubersfeld fijan, por lo tanto, tres momentos temporales: 1. punto de partida; 2. el texto-acción; 3. punto de llegada (situación final) *(Semiótica teatral,* Madrid, Cátedra/Universidad de Murcia, 1989, pág. 161).

De nuevo falta toda indicación temporal en la escena siguiente, pero la alegría de Dolores y su insistencia «estoy enamorada», al menos en una obra «realista», debería significar que ha transcurrido algún tiempo. Entre la Escena IV y la V no hay ninguna laguna; el Padre irrumpe en el mundo de las mujeres para darles prisa y, a continuación, todos se encuentran en el salón para la presentación oficial del futuro yerno. Es la única escena que convoca a todos los personajes, un verdadero acto «social», que incluye a los criados (Fermín) y al tutor, escena que termina con una nueva tortura de éste. Después del «tumulto», llega una nueva escena tranquila (VI), fijada temporalmente gracias a la pregunta de Rafael a Dolores: «¿Por qué quiso separarnos *ayer*?». Es la escena en la que Rafael emplea por primera vez el «tú» y se habla del proyecto de huir antes de que se celebre la boda impuesta para dentro de tres meses. La escena VII se compone de dos partes: Dolores con su madre y el novio, que está de visita oficial y hace planes para el futuro, y Dolores con Rafael haciendo planes de huida para llevar una vida libre al otro lado del río. La única indicación temporal es la de cruzar el río «a las *diez de la noche*», por otra parte una hora esperable para una fuga clandestina[25]. Es, además, la escena que termina premonitoriamente con el triple paso del carro de «melones». La última escena (VIII), la única nocturna, debería tener lugar la misma noche, si tomamos en serio la conversación entre los enamorados con que concluye la escena anterior; a la pregunta de Dolores: «¿Querés casarte conmigo?», Rafael contesta: «Mañana», y ella confirma: «A esta hora estaremos lejos». Otro indicio podría ser el hecho de que no se realiza (por lo menos no en el escenario) aquella excursión para ver la nueva casa adquirida por Juan Pedro, fijada para el día siguiente.

El siguiente esquema temporal resume lo que se acaba de explicar: I = > II (Tx); II = > III (3 días); III = > IV (Tx); IV = > V (a continuación); V = > VI (1 noche); VI = > VII (Tx); VII = > VIII (la misma noche).

---

[25] En la primera versión se añadía un diálogo que sugería un tiempo de preparativos en la broma de Rafael: «¡Me comiste los ahorros, tragona!» (vol. I, pág. 102).

Después del análisis, concluimos que desde el comienzo (punto de arranque) hasta el final (punto de llegada) pueden haber transcurrido aproximadamente entre una semana y un poco más de tres meses, a lo sumo. No existe ningún salto atrás y los momentos de simultaneidad sólo se indican verbalmente (por ejemplo, Fermín dice que fue al matadero, Escena II) o mediante ruidos como el ominoso carro que pasa fuera de escena. Por último, hay una clara linealidad progresiva como es corriente en el drama realista.

El *espacio* del drama no varía en siete de las ocho escenas; está descrito detalladamente en la didascalia que abre el drama (que servirá como oferta o norma a seguir según la fidelidad del director de escena): un salón típico de 1840, paredes en rojo granate, una gran mesa de roble, un sofá, tres sillas de alto respaldo, un pesado aparador (o cómoda) con candelabros, un piano. Se añaden dos puertas laterales y, a foro, una ventana con cortinas. Como se ve, se trata de un escenario «mimético» al estilo del teatro realista-naturalista. El hecho de que se trata de un salón (y no una cocina, por ejemplo) hace sospechar inmediatamente que sus ocupantes pertenecen a la clase media o alta y, efectivamente, ahí tendrán lugar los actos oficiales como la recepción del pretendiente de la hija, aunque también sirve para las lecciones de ésta y su profesor, probablemente por razones prácticas, ya que ahorra cambios del decorado. Por ello mismo, la única escena (IV) que transcurre en un espacio diferente llama la atención. Nos traslada a la habitación de Dolores para introducir un aspecto insólito en el drama: una escena de intimidad entre madre e hija. Es la única vez que la primera se permite reír y participar en el juego verbal de la segunda sobre los Campos Dorados (de paso, se introduce al pretendiente como alguien ridículo para las expectativas del público). Incluso hay un breve momento en que madre e hija se funden en un abrazo, hecho extraño y casi «contra natura» en el ambiente sofocante que domina el drama. Sorprende que no haya ninguna descripción de la habitación, pero el hecho de que Dolores está en enaguas hace pensar en un dormitorio, lo cual sugiere un espacio blanco (con Dolores en enaguas blancas) frente al rojo del salón, es decir, insinúa la inocencia y la pureza. Si antes se dijo que se trata de un escenario de tipo «realista-naturalista», su valor va más allá: permite la interpretación del color rojo omnipresente no sólo como el «punzó» de la época de Rosas sino, al mismo tiempo, como símbolo de la sangre (del título) y del crimen. Los miembros de la familia, igual que el pudiente novio, salen con más o menos libertad del salón y el padre llega a irrumpir en el espacio «femenino» en la Escena IV. Sin embargo, hay cierta limitación para dos personajes, Rafael y Dolores. A Rafael se le ve entrar desde fuera al comienzo del drama y, paralelamente, al final, vuelve a entrar en el salón, aunque en este caso su cuerpo es portado por su asesino Fermín. En las escenas intermedias es obligado por algún mandato a salir o, al contrario, se le obstaculiza la salida, como al final de las Escenas II y V, en ambos casos para recibir el castigo de su torturador Fermín. A Dolores se le ve entrar en el escenario (en concreto, el salón) en dos ocasiones: en las escenas I y V; en el primer caso, para ser presentada al nuevo profesor; en el segundo, para conocer al novio impuesto por el padre. Extrañamente, no se le ve salir del mismo en ningún momento, excepto al final, cuando, contra su voluntad, es arrastrada por Fermín hacia un espacio desconocido que será su prisión definitiva. Resulta claro que el llamado espacio «realista-naturalista» esconde un lugar opresivo, un «espacio cerrado» (R. Gnutzmann, 2001) como en tantas obras de la dramaturga desde la época llamada «absurda».

Existe otro espacio extraescénico[26], no visible para el espectador, pero aludido y/o escuchado. Ya se ha mencionado la alusión de Fermín al matadero, palabra que automáticamente evoca en el espectador argentino el título de la obra de Echeverría; en ambos casos se trata de un lugar de sacrificio no sólo de animales, sino también de personas, ya que de él parece haber venido el carretero al que Fermín compró un «melón», es decir, una cabeza humana. El espacio extra-escénico es especialmente importante en este drama; está presente, aunque sólo verbalmente, en la casa para los novios de la que habla de

---

[26] Sobre el tema, véase M. Corvin, «Contribución al análisis del espacio escénico en el teatro contemporáneo», en M. C. Bobes Naves *et al., Teoría del teatro*, Madrid, Arco/Libros, 1997, págs. 201-228.

los Campos Dorados o, con más fuerza, al comienzo, con los candidatos al puesto de profesor a la intemperie, que sólo provocan burla y desprecio en Benigno. Pero, sobre todo, penetra como ruido en el espacio del hogar (supuestamente el lugar de protección contra las fuerzas amenazantes según Gaston Bachelard) por culpa del carro y de las herraduras de los caballos sobre el empedrado, aunque no se oiga, «por deferencia» al padre, el grito «melones» (Escena II). Abre el espacio privado al espacio social y político del exterior y, como consecuencia, el destino de los amantes se inserta en el de todo el país. Es precisamente este ruido el que no permite que el espectador olvide lo que sucede afuera y el que refuerza el ambiente opresivo y crea un terror que va *in crescendo* hasta el triple paso del carro en la penúltima escena.

Puesta en escena y recepción

Es generalmente aceptada la idea de que una obra dramática no está acabada en el texto escrito; éste no cobra realmente forma y sentido hasta su representación, la que, a su vez, tiene como objetivo la recepción por parte del espectador. Si autor, director y público comparten el mismo contexto social e ideológico habrá que esperar una recepción poco o nada problemática, cosa bastante improbable cuando se trata de obras de otras épocas y/o diferentes entornos sociales y culturales. Por otro lado, no se debe considerar la puesta en escena una mera transposición del texto a otro sistema *plurimedial* (códigos verbales, signos visuales y auditivos producidos por actores, escenógrafos, tramoyistas, técnicos sonoros y lumínicos)[27], es decir, no sería correcto hablar de «fidelidad» a un presunto «sentido» del texto o a una «idea del autor». Alberto

---

[27] Cfr. T. Kowzan, «Le signe au théâtre», *Diogène*, 61, 1968, págs. 59-90; versión ampliada, *El signo y el teatro*, Madrid, Arco/Libros. 1997; sobre texto dramático, puesta en escena y su recepción, véase P. Pavis, «Production et réception au théâtre», *Revue des Sciences Humaines*, 189, 1983, págs. 51-88, y «Del texto a la escena: un parto difícil», *Conjunto*, 79, 1989, págs. 22-31; véase «Texto dramático», «Texto espectacular» en su *Diccionario del teatro, op. cit.*

Ure (1989, pág. 13), director de la puesta en escena de *El campo* en 1984, vituperado por los críticos pero apoyado por la autora, es consciente de las dificultades: «El respeto meticuloso por un texto puede resultar un sometimiento que lo idiotiza, y su recomposición apasionada una destrucción arrogante» (cfr. A. Ubersfeld, *op. cit.*, pág. 14: «privilegiar al texto puede conducir a la esterilización del teatro»). Los «productores» (director, actores, técnicos) del estreno de *La malasangre* el 17 de agosto de 1982 se decantaron por determinada forma, la que aquí se intentará dilucidar igual que su recepción por el público.

El texto de Gambaro contiene ciertas «ofertas» para la puesta en escena en las didascalias, los diálogos, los símbolos, etc. Por ejemplo, la descripción del espacio con sus paredes rojas, sus pesados muebles y el piano hacen recordar —teniendo en cuenta además la fecha 1840— una casa patriarcal, mientras que la disposición del escenario: dos puertas laterales y una ventana con cortinas hacia el fondo del escenario, sugiere un espacio cerrado sobre sí mismo, es decir, se trata tanto de la imitación de un lugar concreto como de un símbolo. Igual ocurre con la vestimenta de tonalidades rojas que el público argentino sabe descifrar como el color de los federales, obligado bajo Rosas; pero a la vez es el color de la sangre (anunciada en el título), del rencor y de la pasión y, obviamente, se opone al blanco de la inocencia y la paz (en la simbología occidental) que eligen Dolores y Rafael. También se ha visto que detalles como la exclusión de Rafael de las bebidas *significan*, en este caso, su marginación social; el ruido del carro con sus melones recuerda el terror que reina fuera y la amenaza de que en cualquier momento puede penetrar en la casa mediante el personaje de Fermín que conecta con el «matadero». Este ruido acompaña todas las escenas e impone una sensación de creciente horror, tanto más eficaz al no tener su correspondencia visual. A ello se puede añadir los regalos de Fermín, como el pájaro muerto y las arañas (la muerte y lo repugnante se imponen a la vida y la alegría), la lluvia y el frío aludidos en el diálogo, etc. Por último, la *risa* desempeña un papel muy importante; ya se mencionó la «espasmódica» del padre, que expresa, sobre todo, desprecio, amenaza y burla, mientras que la de la madre se limita a transmitir su miedo e inseguridad; las risas de Dolores varían según la situación y la persona con la que habla; pasan de la ironía, la acidez y el miedo a la tristeza y la dulzura, para terminar en una risa «estertorosa y salvaje». No seguiré con los demás personajes, pero se ve que existe una amplia «oferta» expresiva para los actores, tanto en el campo de la voz como en el corporal (gesto y mímica) y la disposición proxémica (distancia y contacto corporal). Éstas resultan muy significativas en *La malasangre,* si desglosamos las distancias y los acercamientos y sus correspondientes movimientos y gestos en pequeños actos: volverse, empujar, tocar groseramente o lascivamente, apartarse, pegar, torcer, abrazar, sujetar, arrodillarse, acariciar, besar (la mano, los labios), sujetar, apoyada sobre el hombro (de Rafael), agarrar y arrastrar... todo un resumen de la acción y disposición psíquica de los personajes y de la evolución de la relación entre Dolores y Rafael. Con razón, la directora Yusem subraya, en su testimonio sobre la puesta en escena, que la dramaturga «acota mucho y con precisión» (M. Kartún, 1982, pág. 14).

Fueron Mauricio Kartún y Máximo Soto quienes recopilaron para *Teatro Abierto* (octubre de 1982) los testimonios de la directora, dramaturga y los actores que se acaban de mencionar. En ellos, Yusem explica que, en los primeros encuentros, se discutía si se debía encarar abiertamente la polémica histórica y el obvio parecido entre la época de Rosas y la represión en 1982, momento en que aún estaban en el poder los militares, aunque ya debilitados, y en plena guerra de las Malvinas. Una vez aprobada esta cuestión por todo el elenco a pesar de sus diferentes tendencias ideológicas, se establece como tema central la oposición entre dos fuerzas: «Una, la de la represión; la otra, la de la lucha por vencer ese poder absoluto» (M. Kartún, 1982, pág. 9), es decir, la lucha entablada entre padre e hija, los que, además, mantienen una relación claramente edípica según Yusem. Después de la primera etapa de debates, comenzaron los primeros ejercicios actorales, probablemente inspirados en el «método Strasberg» (del Actor's Studio norteamericano): una serie de ejercicios individuales según pautas dadas por la directora, en los que cada uno construía momentos emocionales basados en experiencias propias que servían para trabajar la relación familiar, momentos de enfrentamiento, etc., es decir, aunque no se referían al texto dramático, se parecían a sus «conflictos, climas, objetivos» *(íd.,* págs. 10-11)[28]. Todos los actores apoyaban el método de improvisaciones como forma de ahondar en las emociones, de «insegurizarse» (frente a la actuación rutinaria) y de trabajar sobre lo «subterráneo» y el mundo de la pesadilla. Sólo después de esta etapa previa, comenzó el trabajo con el texto, momento que significaba renunciar y «encorsetar» la imaginación propia y ceñirse «a una cosa programada por el autor» (L. Yusem, *ibíd.,* pág. 12). Con respecto al escenario, se abogó por la sencillez, inspirándose en el pintor uruguayo Pedro Figari, quien pintaba paredes casi lisas en sus interiores y con muy pocos muebles, con colores fuertes y simples, para evocar una «ingenuidad de la colonia». El salón con dos puertas de la didascalia se amplió a dos galerías que permitían que los personajes espiasen o que fuesen vistos por otros sin saberlo, aparte de que se introducía cierta asimetría mediante diagonales. El problema de la transición entre las escenas fue superado mediante una servidora de escena que disponía los tres muebles usados como accesorio móvil (dos sillones, una mesita), colocados según la importancia de las zonas de actuación en cada momento. También se jugaba con las salidas del escenario, de las que el público no sabía si llevaban a otro espacio interior, al patio o al exterior (lo que antes llamé el espacio extra-escénico). La luz no se consideraba un elemento esencial; sólo se intensificaba según la hora del día y, en la última escena, fue encomendada a candelabros, aunque la insistencia de Dolores en prender todas las velas claramente insinúa la oposición oscuridad-luz como símbolo de conocimiento e iluminación frente a ignorancia y ocultamiento. Con respecto al sonido, sólo había dos: el del carro de la muerte (con las cabezas cortadas) y el de las campanas que servía para las transiciones entre escenas. No había más música que la interpretada por la madre al piano, la cual parecía más un ruido que un

---

[28] Llama la atención que la madre en estos ejercicios, incluso en la ficha técnica añadida, siempre recibe el nombre de «Candelaria».

minué o un vals de Schubert. La sencillez del escenario, vestuario, sonido, iluminación y la imagen en general era calculada, precisamente para destacar aún más «la violencia de las emociones» *(íd.*, pág. 14).

La reacción de la propia Gambaro ante la puesta en escena de Yusem fue elogiosa: «Recreó un lenguaje escénico que imaginó sobre las propuestas del texto y las enriqueció»; reconoce que el texto cobró «una fuerza y un vigor sólo posibles a través de un trabajo de puesta que interpreta, pero que a su vez imagina y enriquece» *(íd.*, pág. 14). Es congruente con su afirmación en la mencionada mesa redonda (1983a, pág. 37): «Lo que más me gusta es cuando veo que el actor borra la imagen del personaje que yo tenía [...]. Entonces, cuando uno vuelve a leer el texto, ya no puede ver lo que creó sino lo que imaginaron el director, los actores...», es decir, en este caso se produjo un «cambio feliz» totalmente aprobado por la autora.

Veamos, por último, la reacción de los espectadores, reflejada en reseñas y comentarios de la prensa local. En primer lugar hay que constatar que la mencionada nota que anunciaba la representación en *Clarín* surtió efecto; el 31 de agosto salió en *Crónica* la siguiente noticia:

> El titular del Movimiento Nacionalista de Restauración, Ricardo Curutchet ha solicitado al intendente de la ciudad de Buenos Aires «la prohibición de la obra de teatro *La malasangre* de Griselda Gambaro, por injuriar y calumniar la figura del brigadier general don Juan Manuel de Rosas».

El día 1 de septiembre, 20 o 30 hombres, bien trajeados y con corbata, pelo corto y bigotito, irrumpieron en la representación y comenzaron a insultar al elenco, llamándoles «antirrosistas», «bolches» y dando vivas a Rosas y «la Santa Federación»; incluso llegaron a entablar una lucha con los actores, sobre todo con (el chileno) Murúa, al que insultaron y amenazaron: «Murúa, andate a Chile» y «Te vamos a reventar» *(Crónica, Clarín* y *La Nación*, 3 de septiembre de 1982). Además, según el *Diario Popular* (4 de septiembre de 1982), se arrojaron pastillas tóxicas Gamexane para impedir la actuación. Sin embargo, el público exigió tranquilidad y la continuación del espectáculo con gritos como, «queremos elegir» y «nos gusta ser libres», espíritu que dominaba en el teatro después de tantos años de silencio impuesto. Una vez conducidos los perturbadores a la comisaría, el espectáculo se reanudó. Los días siguientes, todos los periódicos calificaban el altercado como un «atentado contra la cultura».

Sobre la obra y la puesta en escena, los diarios son casi unánimes en su elogio, excepto la reseña anónima de *La Nación* (19 de agosto de 1982) que critica la dirección de Yusem, considerándola ineficaz para dar vida al denso clima del texto; tampoco ahorra críticas a la actuación de Silveyra en el papel de Dolores y de Murúa a cuyo trabajo «le faltan matices». Por el contrario, Diego Mileo de *Pájaro de Fuego* (año 5, 43, septiembre-noviembre de 1982, pág. 54) elogia la «reflexión profunda» sobre la realidad de «nuestro presente» y las «responsabilidades éticas» que pide el drama. Igualmente, Rómulo Berruti *(Clarín,* 19 de agosto de 1982) subraya el mensaje político que incluye la dictadura de aquel momento; según este crítico, se trata de «un penetrante estudio escénico sobre el miedo», «una especie de alegoría sobre nuestro país». El ya citado artículo anónimo de *Diario Popular* habla igualmente de una «parábola sobre la violencia, el autoritarismo y la libertad» que tiene un claro «paralelismo entre [la época de Rosas] y otras más recientes», idea apoyada por otro de *La Razón* (20 de agosto de 1982) que llega a tildarlo de «un drama con resonancias griegas». El crítico que más detalles aporta es Ernesto Schoo *(Convicción,* 22 de agosto de 1982). Lee el drama como «*otra* historia de amor», con «aspecto inocente de cuento de hadas, como si se le leyera *Drácula* a un chico para hacerlo dormir». Insiste en el *crescendo* de la acción que se transforma «poco a poco en tempestad furiosa» (lógicamente menciona a Shakespeare en este contexto), en la que «el público se ve sumergido, ahogado en el horror innombrable». Con respecto al escenario, llama la atención sobre el color ominoso de paredes y ropas: «En una ciudad roja, reina un tirano rojo». Si el crítico de *La Nación* echaba de menos un clima denso, Schoo elogia cómo se va tejiendo «la atmósfera de terror, abyección y desdén» en situaciones que van aumentando en intensidad hasta el estallido final. Alaba la actuación de todos los actores igual que la labor de la escenógrafa Graciela Galán, la que, mediante «la sinfonía de rojos y negros» creó una «atmósfera de misterioso, perverso horror». Para el crítico se trata de una «pieza única en el teatro argentino más reciente [que] nos enfrenta con un espejo implacable».

Para terminar, algunas citas de cartas de espectadores, recibidas por la autora[29] en las semanas siguientes al estreno. Uno de ellos subraya el clima logrado, el que le hacía sentir «físicamente una asfixia»; elogia, además, el uso excepcional de los símbolos (la carreta, la lluvia del comienzo, el calor de adentro). Otro considera que Gambaro será la autora con la que la juventud «se va a sentir identificada en esta década». En fin, otra espectadora salió convencida del teatro de «que esta obra será la que marque el fin de una época en esta Argentina dolida». Obviamente, el «horizonte de expectativa» del público, su cultura y su conocimiento social y político permitieron una absoluta identificación con el drama.

La obra tuvo tanto éxito de público que pasó directamente del Teatro Olimpia al Lorange de mayor aforo y, al año siguiente, fue elegida por Argentores (Sociedad General de Autores de la Argentina) «mejor drama de teatro estrenado en 1982». Desde entonces el interés por el drama no ha decaído; en su última reposición en Buenos Aires se mantuvo en el Teatro Regina a lo largo de dos temporadas (2005/2006). También supo atraer al público extranjero gracias a sus traducciones al inglés, francés, alemán, portugués, finlandés e italiano. En Estados Unidos se tradujo como *Bad Blood* (traductora Marguerite Feitlowitz) y *Bitter Blood* (Adam Versény) y fue estrenado en Los Ángeles por el West Coast Ensemble (1993) y, más tarde, representado en Washington (1994) y Berkeley/California (1996). En Londres, el Gate Theatre lo puso en escena en 1992 y, el mismo año, la BBC emitió una lectura de *Bad Blood*. En Alemania, *Böses Blut* (traducción de Monika López) se representó en Berlín en 1988 y, gracias a Augusto Boal y su elenco, en Núremberg en 1986, versión

---

[29] Se agradece, en este lugar, a la autora la amabilidad de haber permitido su consulta.

retomada por el director brasileño a la vuelta a su país (Río de Janeiro, 1987). La traducción francesa, *La malasangre (La Rage au ventre)* se debe a Françoise Thanas y, según M. Contreras (1994, pág. 159), se hicieron lecturas en el Théâtre Odéon de París y Toulouse en 1992 y en el Parvis de St. Jean de Dijon en 1993. El último estreno francés tuvo lugar en París en 2006 en el teatro Passage vers les Étoiles. Los finlandeses pudieron ver *Paha veri* (traducción de Jana Lappo) en 1992 en Espoon Opistoteatteri (Área Metropolitana de Helsinki). En Italia, finalmente, hubo estreno en mayo de 2006 por la Associazione Culturale Evoè en Bolonia dentro del tercer Festival Iberoamericano, manteniendo el título argentino pero anunciándolo como «Sangue Cattivo»: «per la prima volta tradotta e rappresentata in Italia».

Griselda Gambaro. Pronunciando su ponencia de apertura en la Feria del Libro de Francfort (5 de octubre de 2010).

Esta edición

Para la presente edición de los dos textos dramáticos se ha seguido la de *Teatro* autorizada por la dramaturga en Ediciones de la Flor. En total vieron la luz siete volúmenes en Buenos Aires entre 1984 y 2004, aparte de los tres libros de *Teatro* aparecidos en Grupo Editorial Norma. *La malasangre* figura en el volumen 1 (págs. 57-119), publicado en 1984; *Decir sí* apareció en el volumen 3 (págs. 183-194), de 1989. En *La malasangre* se ha suprimido, por indicación de la autora, una frase en la escena VII (pág. 102 de la edición original; cfr. nota 25 de esta introducción). Esta corrección está recogida en la nueva edición de la obra dramática completa en cuatro volúmenes de Griselda Gambaro que Ediciones de la Flor ha publicado recientemente (2011).

Para una mejor legibilidad, las notas aclaratorias de vocabulario se han reducido al mínimo, puesto que la autora emplea un español-argentino con muy pocos modismos que puedan resultar de difícil comprensión. Naturalmente usa el «voseo» (pronominal y verbal) común en América Latina, como «a vos te gusta» o sus desinencias verbales: «sos [eres] su mano derecha», «te equivocás», «a ver si acertás» y «probá» para el imperativo, no diptongado y con acento en la última sílaba en vez del español peninsular «aciertas» y «prueba». También es sabido que en América Latina en vez del adverbio de lugar «aquí» se suele usar «acá» y se prefiere «chico» a «pequeño» igual que «lindo» a «bonito». Cuando Dolores, al final de la Escena I, dice con hipocresía «se me voló la copa» es obvio que se refiere al peninsular «se me cayó la copa»; «tonteras» son «tonterías» (palabra también recogida como «familiar» o «menos frecuente» en los diccionarios peninsulares) y «tomar frío» es «enfriarse». En fin, aunque pueda sorprender, es correcta la expresión de Dolores: «¡Qué hermosa manit*o*!» (resultaría raro en Argentina decir «hermosa manit*a*», Escena II).

Bibliografía

Esta bibliografía se refiere sobre todo a las cuestiones y los textos aquí abordados; de ninguna forma pretende ser exhaustiva.

BLÜHER, Karl Alfred, «La recepción de Artaud en el teatro latinoamericano», en F. de Toro (ed.), *Semiótica y teatro latinoamericano*, Buenos Aires, Galerna, 1990, págs. 113-131.

BUDD, Ruth Lorraine, *A House is not a Home. Domestic Violence in Selected Works by Carmen Naranjo and Griselda Gambaro*, PhD. Ann Arbor/UMI, 1995.

CONTRERAS, Marta, *Griselda Gambaro. Teatro de la descomposición*, Concepción/Chile, Universidad de Chile, 1994.

CYPESS, Sandra M., «The Plays of Griselda Gambaro», en L. F. Lyday y G. W. Woodyard (eds.), *Dramatists in Revolt: The New Latin American Theater*, Austin (Texas), University of Texas Press, 1976, págs. 95-109.

DUBATTI, Jorge, «Dramaturgia rioplatense en la dictadura. Poéticas del escamoteo y pacto de recepción política», en R. Spiller (ed.), *Culturas del Río de la Plata (1973-1995)*, Frankfurt, Vervuert, 1995, págs. 517-529.

FOSTER, David William, *Violence in Argentine Literature. Cultural Responses to Tyranny*, Columbia/Londres, University of Missouri, 1995, págs. 135-143.

— «*La malasangre* de Griselda Gambaro y la configuración dramática de un sema histórico argentino», en O. Pellettieri (comp.), *Teatro argentino de los '60*, Buenos Aires, Corregidor, 1989, págs. 199-207.

GAMBARO, Griselda, *Teatro*, 7 vols., Buenos Aires, Ediciones de la Flor, 1984, 1987, 1989, 1990, 1991, 1996, 2004.

— *Escritos inocentes*, Buenos Aires, Norma, 1999.

— *Teatro. La Señora Macbeth*, Buenos Aires, Norma, 2003.

— MONTI, Ricardo y COSSA, Roberto, «Crear pese a todo» (Mesa redonda), *Revista Teatro*, 3, 10, 1983a, págs. 32-40.

GIELLA, Miguel Ángel, «El victimario como víctima en *Los siameses* de Griselda Gambaro. Notas para el análisis», en N. Mazziotti (comp.), *Poder, deseo y marginación,* Buenos Aires, Puntosur, 1989, págs. 65-76.
— *Teatro Abierto 1981,* vol. 1: *Teatro argentino bajo vigilancia,* Buenos Aires, Corregidor, 1991.
GIORDANO, Enrique, «*La malasangre* de Griselda Gambaro: Un proceso de reconstrucción y recodificación», en J. A. Arancibia y Z. Mirkin (eds.), *Teatro argentino durante El Proceso. 1976-1983,* Buenos Aires, Vinciguerra, 1992, págs. 57-73.
GNUTZMANN, Rita, «Los espacios cerrados en el teatro de Griselda Gambaro», en C. Alemany Bay, R. Mataix y J. C. Rovira (eds.), *La isla posible,* Alicante, Universidad de Alicante/AEELH, 2001, págs. 281-289.
— «Casa-hogar-cámara de tortura en el teatro de Griselda Gambaro», *Río de la Plata,* 29-30, 2006, págs. 487-496.
— «El teatro de Griselda Gambaro: de la pasividad a la rebelión», *Ínsula,* 715/716, número monográfico, *Letras Argentinas II,* marzo de 2006, págs. 30-36.
HALPERIN DONGHI, Tulio, «El presente transforma el pasado: El impacto del reciente terror en la imagen de la historia argentina», en D. Balderston *et al., Ficción y política. La narrativa argentina durante el proceso militar,* Buenos Aires/Minneapolis, Alianza/Institute for the Study of Ideologies & Literature, 1987, págs. 71-95.
HOLZAPFEL, Tamara, «Griselda Gambaro's theatre of the absurd», *Latin American Theatre Review,* 4/1, otoño de 1970, págs. 5-11.
JUREWIEZ, Liliana Elizabet, *La familia sobre las tablas, un testimonio violento,* Madrid, Pliegos, 2005, págs. 95-188.
KARTÚN, Mauricio y SOTO, Máximo, «*La malasangre.* Testimonios de una puesta en escena», *Teatro Abierto,* I, 1 (octubre de 1982), págs. 6-14.
LASALLA, Malena, *Entre el desamparo y la esperanza,* Buenos Aires, Biblos, 1992.
MAZZIOTTI, Nora (comp.), *Poder, deseo y marginación,* Buenos Aires, Puntosur, 1989.
MÉNDEZ-FAITH, Teresa, «Sobre el uso y abuso de poder en la producción dramática de Griselda Gambaro», *Revista Iberoamericana,* 132-133, 1985, págs. 831-841.
MUNDANI, Liliana, *Las máscaras de lo siniestro. Escena política y escena teatral en Argentina: El caso Gambaro,* Córdoba (Argentina), Alción Editora, 2002.
PELLETTIERI, Osvaldo, «El absurdo gambariano (1965-1968): del expresionismo vernáculo a Pinter», en O. Pellettieri (ed.), *Una histo-*

    ria interrumpida. Teatro argentino moderno (1949-1976), Buenos Aires, Galerna, 1997, págs. 167-180.
— (dir.), *Historia del teatro argentino en Buenos Aires*, vol. V: *El teatro actual (1976-1998)*, Buenos Aires, Galerna, 2001.
— (dir.), *Historia del teatro argentino en Buenos Aires*, vol. IV: *La segunda modernidad (1949-1976)*, Buenos Aires, Galerna, 2003.
Postma, Rosalea, «Space and Spectator in the Theatre of Griselda Gambaro», *Latin American Theatre Review*, 14/1, otoño de 1980, págs. 34-45.
Roster, Peter y Rojas, Mario (eds.), *De la colonia a la postmodernidad*, Buenos Aires, IITCTL, 1992.
Tarantuviez, Susana, *La escena del poder. El teatro de Griselda Gambaro*, Buenos Aires, Corregidor, 2007.
Taylor, Diana, *Theatre of Crisis. Drama and Politics in Latin America*, Lexington, The University Press of Kentucky, 1991.
— et al., *En busca de una imagen. Ensayos críticos sobre Griselda Gambaro y José Triana*, Ottawa, Girol Books, 1989.
Toro, Fernando de, «La referencialidad especular del discurso en Griselda Gambaro», en R. Spiller (ed.), *Culturas del Río de la Plata (1973-1995)*, Frankfurt, Vervuert, 1995, págs. 257-268.
— «Feminismo y el teatro de Griselda Gambaro», en A. de Toro (ed.), *Estrategias postmodernas y postcoloniales en el teatro latinoamericano actual. Hibridez — medialidad — cuerpo*, Madrid/Frankfurt, Iberoamericana/Vervuert, 2004, págs. 391-401.
Ure, Alberto, «Dejar hablar al texto sus propias voces», en N. Mazziotti (comp.), *Poder, deseo y marginación. Aproximaciones a la obra de Griselda Gambaro*, Buenos Aires, Puntosur, 1989, págs. 13-23.
Zayas de Lima, Perla, *Relevamiento del teatro argentino (1943-1975)*, Buenos Aires, Ed. Rodolfo Alonso, 1983.

Entrevistas y autoexplicaciones

Castro, Marcela y Jurovietzky, Silvia, «Decir no. Entrevista a Griselda Gambaro», *Feminaria Literaria*, 17-18, noviembre de 1996, págs. 41-45.
Durañona, Marina, «Entrevista con Griselda Gambaro», *Alba de América*, 18/19, 1992, págs. 407-418.
Gambaro, Griselda, «Los rostros del exilio», *Alba de América*, 12/13, 1989, págs. 31-35.
— «Algunas consideraciones sobre la mujer y la literatura», *Revista Iberoamericana*, 132-133, 1985, págs. 471-473.

— «Voracidad o canibalismo amoroso», *Quimera*, 24, 1982, págs. 50-51.
— «¿Es posible y deseable una dramaturgia específicamente femenina?», *Latin American Theatre Review*, 13/2, verano de 1980, págs. 17-21.
— «Griselda Gambaro», en J. A. Arancibia y Z. Mirkin (eds.), *Teatro argentino durante El Proceso. 1976-1983*, Buenos Aires, Vinciguerra, 1992, págs. 227-228.
— «Opinión I», *Teatro XXI* (revista del GETEA, UBA), II, 2, otoño de 1996, págs. 12-15.
GIELLA, Miguel Ángel, «Griselda Gambaro: Entrevista», *Hispamérica*, 40, 1985, págs. 35-42.
— ROSTER, Peter y URBINA, Leandro, «Entrevistas», en *Teatro: nada que ver. Sucede lo que pasa*, Ottawa, Girol Books, 1983, págs. 7-37.
ROFFÉ, Reina, «Entrevista a Griselda Gambaro», *Cuadernos Hispanoamericanos*, 588, junio de 1999, págs. 111-124.
SCHNAITH, Nelly, «Imaginar: ¿juego o compromiso? Conversación con Griselda Gambaro», *Quimera*, 24, 1982, págs. 47-49.

Decir sí

Fue estrenada durante el Ciclo Teatro Abierto, en junio de 1981, en el Teatro del Picadero de Buenos Aires, con el siguiente reparto:

Asistente de dirección   Marcos Lostalo
Puesta en escena y dirección   Jaime Kogan

Personajes:
Peluquero   Jaime Kogan
Personaje   Lito Cruz

1974
Fue estrenada dentro del ciclo «Teatro Abierto», en julio
de 1981 en el Teatro del Picadero de Buenos Aires,
con el siguiente reparto:

Asistente de dirección   *Horacio Rainelly*
Puesta en escena y dirección   *Jorge Petraglia*

ACTORES Y PERSONAJES

HOMBRE   *Jorge Petraglia*
PELUQUERO   *Leal Rey*

Interior de una peluquería. Una ventana y una puerta de entrada. Un sillón giratorio de peluquero, una silla, una mesita con tijeras, peine, utensilios para afeitar. Un paño blanco, grande, y unos trapos sucios. Dos tachos[1] en el suelo, uno grande, uno chico, con tapas. Una escoba y una pala. Un espejo movible de pie. En el suelo, a los pies del sillón, una gran cantidad de pelo cortado. El PELUQUERO *espera su último cliente del día, hojea una revista sentado en el sillón. Es un hombre grande, taciturno, de gestos lentos. Tiene una mirada cargada, pero inescrutable. No saber lo que hay detrás de esta mirada es lo que desconcierta. No levanta nunca la voz, que es triste, arrastrada. Entra* HOMBRE, *es de aspecto muy tímido e inseguro.*

HOMBRE.—Buenas tardes.
PELUQUERO.—*(Levanta los ojos de la revista, lo mira. Después de un rato.)* ... tardes... *(No se mueve.)*
HOMBRE.—*(Intenta una sonrisa, que no obtiene la menor respuesta. Mira su reloj furtivamente. Espera. El* PELUQUERO *arroja la revista sobre la mesa, se levanta como con furia contenida. Pero en lugar de ocuparse de su cliente, se acerca a la ventana y dándole la espalda, mira hacia afuera.* HOMBRE, *conciliador.)* Se nubló. *(Espera. Una pausa.)* Hace calor. *(Ninguna respuesta. Se afloja el nudo de la corbata, levemente nervioso. El* PELUQUERO *se vuelve, lo mira, adusto. El* HOMBRE *pierde seguridad.)* No tanto... *(Sin acercarse, estira el cuello hasta la ventana.)* Está despejado. Mm... mejor. Me equivoqué. *(El* PELUQUERO *lo mira, inescrutable, inmóvil.* HOMBRE.)* Quería... *(Una pausa. Se lleva la mano a la cabe-*

---

[1] «tachos»: cubo o palangana de metal para lavar o para la basura.

za con un gesto desvaído.) Si... si no es tarde... *(El* Peluque-
ro *lo mira sin contestar. Luego le da la espalda y mira otra vez por la ventana.* Hombre, *ansioso.)* ¿Se nubló?
Peluquero.—*(Un segundo inmóvil. Luego se vuelve. Brusca-mente.)* ¿Barba?
Hombre.—*(Rápido.)* No, barba, no. *(Mirada inescrutable.)* Bueno... no sé. Yo... yo me afeito. Solo. *(Silencio del* Pelu-quero.*)* Sé que no es cómodo, pero... Bueno, tal vez me haga la barba. Sí, sí, también barba. *(Se acerca al sillón. Pone el pie en el posapié. Mira al* Peluquero *esperando el ofrecimiento. Leve gesto oscuro del* Peluquero. Hombre *no se atreve a sen-tarse. Saca el pie. Toca el sillón tímidamente.)* Es fuerte este si-llón, sólido. De... de madera. Antiguo. *(El* Peluquero *no contesta. Inclina la cabeza y mira fijamente el asiento del sillón.* Hombre *sigue la mirada del* Peluquero. *Ve pelos cortados sobre el asiento. Impulsivamente los saca, los sostiene en la mano. Mira al suelo...)* ¿Puedo?... *(Espera. Lentamente, el* Peluque-ro *niega con la cabeza.* Hombre, *conciliador.)* Claro, es una porquería. *(Se da cuenta de que el suelo está lleno de cabellos cortados. Sonríe confuso. Mira el pelo en su mano, el suelo, opta por guardar los pelos en su bolsillo. El* Peluquero, *instantánea y bruscamente, sonríe.* Hombre *aliviado.)* Bueno... pelo y... barba, sí, barba. *(El* Peluquero, *que cortó su sonrisa brusca-mente, escruta el sillón.* Hombre *lo imita. Impulsivamente, toma uno de los trapos sucios y limpia el asiento. El* Peluquero *se inclina y observa el respaldo, adusto.* Hombre *lo mira, sigue luego la dirección de la mirada. Con otro rapto, impulsivo, lim-pia el respaldo. Contento.)* Ya está. A mí no me molesta... *(El* Peluquero *lo mira, inescrutable. Se desconcierta.)* Dar una mano... Para eso estamos, ¿no? Hoy me toca a mí, mañana a vos. ¡No lo estoy tuteando! Es un dicho que... anda por ahí. *(Espera. Silencio e inmovilidad del* Peluquero.*)* Usted... debe estar cansado. ¿Muchos clientes?
Peluquero.—*(Parco.)* Bastantes.
Hombre.—*(Tímido.)* Mm..., ¿me siento? *(El* Peluquero *lo mira, inescrutable.)* Bueno, no es necesario. Quizás usted esté cansado. Yo, cuando estoy cansado... me pongo de malhumor... Pero como la peluquería estaba abierta, yo pensé... Estaba abierta, ¿no?

Peluquero.—Abierta.
Hombre.—*(Animado.)* ¿Me siento? *(El* Peluquero *niega con la cabeza, lentamente.* Hombre.) En resumidas cuentas, no es... necesario. Quizás usted corte de parado[2]. A mí, el asado me gusta comerlo de parado. No es lo mismo, claro, pero uno está más firme. ¡Si tiene buenas piernas! *(Ríe. Se interrumpe.)* No todos... ¡Usted sí! *(El* Peluquero *no lo atiende. Observa fijamente el suelo.* Hombre *sigue su mirada. El* Peluquero *lo mira, como esperando determinada actitud.* Hombre *recoge rápidamente la alusión. Toma la escoba y barre. Amontona los pelos cortados. Mira al* Peluquero, *contento. El* Peluquero *vuelve la cabeza hacia la pala, apenas si señala con un gesto de la mano. El* Hombre *reacciona velozmente. Toma la pala, recoge el cabello del suelo, se ayuda con la mano. Sopla para barrer los últimos, pero desparrama los de la pala. Turbado, mira a su alrededor, ve los tachos, abre el más grande. Contento.)* ¿Los tiro aquí? *(El* Peluquero *niega con la cabeza.* Hombre *abre el más pequeño.)* ¿Aquí? *(El* Peluquero *asiente con la cabeza.* Hombre, *animado.)* Listo. *(Gran sonrisa.)* Ya está. Más limpio. Porque si se amontona la mugre es un asco. *(El* Peluquero *lo mira, oscuro.* Hombre *pierde seguridad.)* No.... ooo. No quise decir que estuviera sucio. Tanto cliente, tanto pelo. Tanta cortada de pelo, y habrá pelo de barba también, y entonces se mezcla que... ¡Cómo crece el pelo!, ¿eh? ¡Mejor para usted! *(Lanza una risa estúpida.)* Digo, porque... Si fuéramos calvos, usted se rascaría. *(Se interrumpe. Rápidamente.)* No quise decir esto. Tendría otro trabajo.
Peluquero.—*(Neutro.)* Podría ser médico.
Hombre.—*(Aliviado.)* ¡Ah! ¿A usted le gustaría ser médico? Operar, curar. Lástima que la gente se muere, ¿no? *(Risueño.)* ¡Siempre se le muere la gente a los médicos! Tarde o temprano... *(Ríe y termina con un gesto. Rostro muy oscuro del* Peluquero. Hombre *se asusta.)* ¡No, a usted no se le moriría! Tendría clientes, pacientes, de mucha edad. *(Mirada inescrutable.)* Longevos. *(Sigue la mirada.)* ¡Seríamos inmortales! Con usted de médico, ¡seríamos inmortales!

---

[2] «parado»: de pie.

Peluquero.—*(Bajo y triste.)* Idioteces. *(Se acerca al espejo, se mira. Se acerca y se aleja, como si no se viera bien. Mira después al* Hombre, *como si éste fuera culpable.)*
Hombre.—No se ve. *(Impulsivamente, toma el trapo con el que limpió el sillón y limpia el espejo. El* Peluquero *le saca el trapo de las manos y le da otro más chico.* Hombre.) Gracias. *(Limpia empeñosamente el espejo. Lo escupe. Refriega. Contento.)* Mírese. Estaba cagado de moscas.
Peluquero.—*(Lúgubre.)* ¿Moscas?
Hombre.—No, no. Polvo.
Peluquero.—*(Ídem.)* ¿Polvo?
Hombre.—No, no. Empañado. Empañado por el aliento. *(Rápido.)* ¡Mío! *(Limpia.)* Son buenos espejos. Los de ahora nos hacen caras de...
Peluquero.—*(Mortecino.)* Marmotas...
Hombre.—*(Seguro.)* ¡Sí, de marmotas! *(El* Peluquero, *como si efectuara una comprobación, se mira en el espejo, y luego mira al* Hombre. Hombre, *rectifica velozmente.)* ¡No a todos! ¡A los que son marmotas! ¡A mí! ¡Más marmota de lo que soy!
Peluquero.—*(Triste y mortecino.)* Imposible. *(Se mira en el espejo. Se pasa la mano por las mejillas, apreciando si tiene barba. Se toca el pelo, que lleva largo, se estira los mechones.)*
Hombre.—Y a usted, ¿quién le corta el pelo? ¿Usted? Qué problema. Como el dentista. La idea me causa gracia. *(El* Peluquero *lo mira. Pierde seguridad.)* Abrir la boca y sacarse uno mismo una muela... No se puede... Aunque un peluquero, sí, con un espejo... *(Mueve los dedos en tijeras sobre su nuca.)* A mí, qué quiere, meter la cabeza en la trompa de otros, me da asco. No es como el pelo. Mejor ser peluquero que dentista. Es más... higiénico. Ahora la gente no tiene... piojos. Un poco de caspa, seborrea. *(El* Peluquero *se abre los mechones sobre el cráneo, mira como efectuando una comprobación, luego mira al* Hombre.) No, usted no. ¡Qué va! ¡Yo! *(Rectifica.)* Yo tampoco... Conmigo puede estar tranquilo. *(El* Peluquero *se sienta en el sillón. Señala los objetos para afeitar.* Hombre *mira los utensilios y luego al* Peluquero. *Recibe la precisa insinuación. Retrocede.)* Yo... yo no sé. Nunca...
Peluquero.—*(Mortecino.)* Anímese. *(Se anuda el paño blanco bajo el cuello, espera pacíficamente.)*

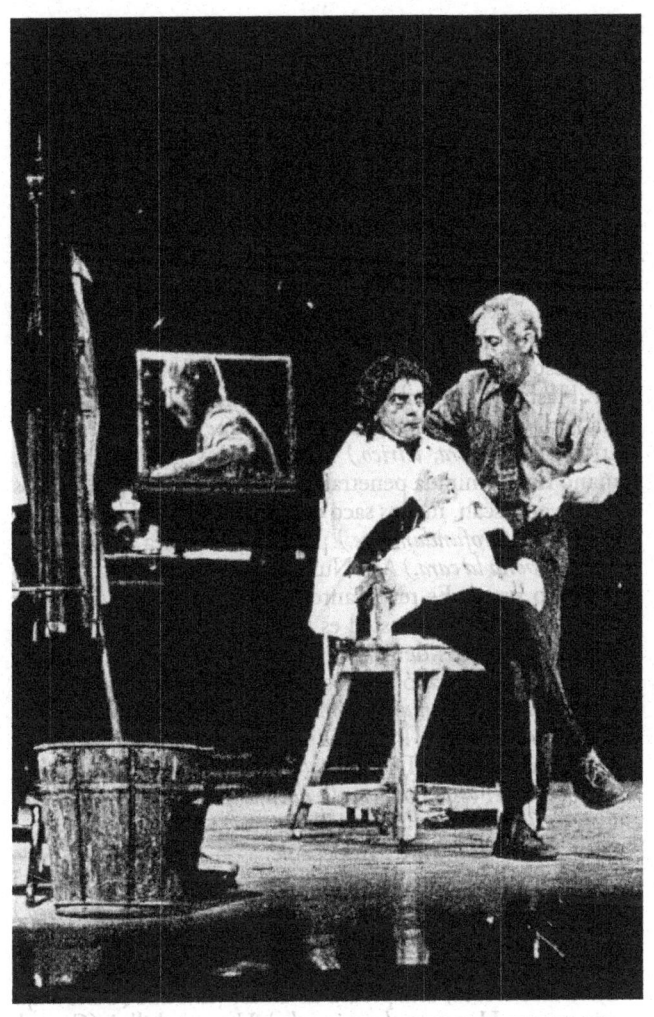

Los actores Leal Rey como Peluquero y Jorge Petraglia como Hombre.

Hombre.—*(Decidido.)* Dígame, ¿usted hace con todos así?
Peluquero.—*(Muy triste.)* ¿Qué hago? *(Se aplasta sobre el asiento.)*
Hombre.—No, ¡porque no tiene tantas caras! *(Ríe sin convicción.)* Una vez que lo afeitó uno, los otros ya... ¿qué van a encontrar? *(El* Peluquero *señala los utensilios.)* Bueno, si usted quiere, ¿por qué no? Una vez, de chico, todos cruzaban un charco, un charco maloliente, verde, y yo no quise. ¡Yo no!, dije. ¡Que lo crucen los imbéciles!
Peluquero.—*(Triste.)* ¿Se cayó?
Hombre.—¿Yo? No... Me tiraron, porque... *(Se encoge de hombros.)* Les dio... bronca que yo no quisiera... arriesgarme. *(Se reanima.)* Así que... ¿por qué no? Cruzar el charco o... después de todo, afeitar, ¿eh?, ¿qué habilidad se necesita? ¡Hasta los imbéciles se afeitan! Ninguna habilidad especial. ¡Hay cada animal que es pelu...! *(Se interrumpe. El* Peluquero *lo mira, tétrico.)* Pero no. Hay que tener pulso, mano firme, mirada penetran... te para ver... los pelos... Los que se enroscan, me los saco con una pincita. *(El* Peluquero *suspira profundamente.)* ¡Voy, voy! No sea impaciente. *(Le enjabona la cara.)* Así. Nunca vi a un tipo tan impaciente como usted. Es reventante[3]. *(Se da cuenta de lo que ha dicho, rectifica.)* No, usted es un reventante dinámico. Reventante para los demás. A mí no... No me afecta. Yo lo comprendo. La acción es la sal de la vida y la vida es acción y... *(Le tiembla la mano, le mete la brocha enjabonada en la boca. Lentamente, el* Peluquero *toma un extremo del paño y se limpia. Lo mira.)* Disculpe. *(Le acerca la navaja a la cara. Inmoviliza el gesto, observa la navaja que es vieja y oxidada. Con un hilo de voz.)* Está mellada.
Peluquero.—*(Lúgubre.)* Impecable.
Hombre.—Impecable está. *(En un arranque desesperado.)* Vieja, oxidada y sin filo, ¡pero impecable! *(Ríe histérico.)* ¡No diga más! Le creo, no me va a asegurar una cosa por otra. ¿Con qué interés, no? Es su cara. *(Bruscamente.)* ¿No tiene una correa, una piedra de afilar? *(El* Peluquero *bufa tristemente.* Hombre *desanimado.)* ¿Un... cuchillo? *(Gesto de*

---

[3] «reventante»: agobiante; lo que causa cansancio o agobio.

afilar.) Bueno, tengo mi carácter y... ¡adelante! Me hacen así. *(Gesto de empujar con un dedo.)* ¡Y yo ya! ¡Vuelo! *(Afeita. Se detiene.)* ¿Lo corté? *(El* Peluquero *niega lúgubremente con la cabeza.* Hombre, *animado, afeita.)* ¡Ay! *(Lo seca apresuradamente con el paño.)* No se asuste. *(Desorbitado.)* ¡Sangre! ¡No, un rasguño! Soy... muy nervioso. Yo me pongo una telita de cebolla[4]. ¿Tiene... cebollas? *(El* Peluquero *lo mira, oscuro.)* ¡Espere! *(Revuelve ansiosamente en sus bolsillos. Contento, saca una curita)*[5]. Yo... yo llevo siempre. Por si me duelen los pies, camino mucho, con el calor... una ampolla acá, y otra... allá. *(Le pone la curita.)* ¡Perfecto! ¡Ni que hubiera sido profesional! *(El* Peluquero *se saca el resto de jabón de la cara, da por concluida la afeitada. Sin levantarse del sillón, adelanta la cara hacia el espejo, se mira, se arranca la curita, la arroja al suelo. El* Hombre *la recoge, trata de alisarla, se la pone en el bolsillo.)* La guardo... está casi nueva... Sirve para otra... afeitada...

Peluquero.—*(Señala un frasco, mortecino.)* Colonia.

Hombre.—¡Oh, sí! Colonia. *(Destapa el frasco, lo huele.)* ¡Qué fragancia! *(Se atora con el olor nauseabundo. Con asco, vierte un poco de colonia en sus manos y se las pasa al* Peluquero *por la cara. Se sacude las manos para alejar el olor. Se acerca una mano a la nariz para comprobar si desapareció el olor, la aparta rápidamente a punto de vomitar.)*

Peluquero.—*(Se tira un mechón. Mortecino.)* Pelo.

Hombre.—¿También el pelo? Yo... yo no sé. Esto sí que no.

Peluquero.—*(Ídem.)* Pelo.

Hombre.—Mire, señor. Yo vine aquí a cortarme el pelo. ¡Yo vine a cortarme el pelo! Jamás afronté una situación así... tan extraordinaria. Insólita... pero si usted quiere... yo... *(Toma la tijera, la mira con repugnancia.)* Yo... soy hombre decidido... a todo. ¡A todo!... Porque... mi mamá me enseñó que... y la vida...

Peluquero.—*(Tétrico.)* Charla. *(Suspira.)* ¿Por qué no se concentra?

---

[4] «telita de cebolla»: en medicina naturista aún se sugiere, para la curación de pequeñas heridas, colocar sobre las mismas una telita de cebolla (ubicada entre capa y capa de ésta) y así evitar infecciones.
[5] «curita»: equivalente a «tirita» en el español peninsular.

Hombre.—¿Para qué? ¿Y quién me prohíbe charlar? *(Agita las tijeras.)* ¿Quién se atreve? ¡A mí los que se atrevan! *(Mirada oscura del* Peluquero.) ¿Tengo que callarme? Como quiera. ¡Usted! ¡Usted será el responsable! ¡No me acuse si...! ¡no hay nada de lo que no me sienta capaz!
Peluquero.—Pelo.
Hombre.—*(Tierno y persuasivo.)* Por favor, con el pelo no, mejor no meterse con el pelo... ¿para qué? Le queda lindo largo... moderno. Se usa...
Peluquero.—*(Lúgubre e inexorable.)* Pelo.
Hombre.—¿Ah, sí? ¿Conque pelo? ¡Vamos pues! ¡Usted es duro de mollera!, ¿eh?, pero yo, ¡soy más duro! *(Se señala la cabeza.)* Una piedra tengo acá. *(Ríe como un condenado a muerte.)* ¡No es fácil convencerme! ¡No, señor! Los que lo intentaron, no le cuento. ¡No hace falta! Y cuando algo me gusta, nadie me aparta de mi camino, ¡nadie! Y le aseguro que... No hay nada que me divierta más que... ¡cortar el pelo! ¡Me... me enloquece! *(Con animación, bruscamente.)* ¡Tengo una ampolla en la mano! ¡No puedo cortárselo! *(Deja la tijera, contento.)* Me duele.
Peluquero.—Pe-lo.
Hombre.—*(Empuña las tijeras, vencido.)* Usted manda.
Peluquero.—Cante.
Hombre.—¿Que yo cante? *(Ríe estúpidamente.)* Esto sí que no... ¡Nunca! *(El* Peluquero *se incorpora a medias en su asiento, lo mira.* Hombre, *con un hilo de voz.)* Cante, ¿qué? *(Como respuesta, el* Peluquero *se encoge tristemente de hombros. Se reclina nuevamente sobre el asiento. El* Hombre *canta con un hilo de voz.)* ¡Fígaro!... ¡Fígaro... qua, Fígaro lá...! *(Empieza a cortar.)*
Peluquero.—*(Mortecino, con fatiga.)* Cante mejor. No me gusta.
Hombre.—¡Fígaro! *(Aumenta el volumen.)* ¡Fígaro, Fígaro! *(Lanza un gallo tremendo.)*
Peluquero.—*(Ídem.)* Cállese.
Hombre.—Usted manda. ¡El cliente siempre manda! Aunque el cliente... soy... *(Mirada del* Peluquero.) Es usted... *(Corta espantosamente. Quiere arreglar el asunto, pero lo empeora, cada vez más nervioso.)* Si no canto, me concentro... mejor.

(Con los dientes apretados.) Sólo pienso en esto, en cortar *(Corta.)* Y... *(Con odio.)* ¡Atajá esta! *(Corta un gran mechón. Se asusta de lo que ha hecho. Se separa unos pasos, el mechón en la mano. Luego se lo quiere pegar en la cabeza al* Peluquero. *Moja el mechón con saliva. Insiste. No puede. Sonríe, falsamente risueño.)* No, no, no. No se asuste. Corté un mechoncito largo, pero... ¡no se arruinó nada! El pelo es mi especialidad. Rebajo y emparejo. *(Subrepticiamente, deja caer el mechón, lo aleja con el pie. Corta.)* ¡Muy bien! *(Como el* Peluquero *se mira en el espejo.)* ¡La cabecita para abajo! *(Quiere bajarle la cabeza, el* Peluquero *la levanta.)* ¿No quiere? *(Insiste.)* Vaya, vaya, es caprichoso... El espejo está empañado, ¿eh? *(Trata de empañarlo con el aliento.)* No crea que muestra la verdad. *(Mira al* Peluquero, *se le petrifica el aire risueño, pero insiste.)* Cuando las chicas lo vean... dirán, ¿quién le cortó el pelo a este señor? *(Corta apenas, por encima. Sin convicción.)* Un peluquero... francés... *(Desolado.)* Y no. Fui yo...

Peluquero.—*(Alza la mano lentamente. Triste.)* Suficiente. *(Se va acercando al espejo, se da cuenta que es un mamarracho, pero no revela una furia ostensible.)*

Hombre.—Puedo seguir. *(El* Peluquero *se sigue mirando.)* ¡Deme otra oportunidad! ¡No terminé! Le rebajo un poco acá, y las patillas, ¡me faltan las patillas! Y el bigote. No tiene, ¿por qué no se deja el bigote? Yo también me dejo el bigote, y así, ¡como hermanos! *(Ríe angustiosamente. El* Peluquero *se achata el pelo sobre las sienes.* Hombre, *se reanima.)* Sí, sí, aplastadito le queda bien, ni pintado. Me gusta. *(El* Peluquero *se levanta del sillón.* Hombre *retrocede.)* Fue... una experiencia interesante. ¿Cuánto le debo? No, usted me debería a mí, ¿no? Digo, normalmente. Tampoco es una situación anormal. Es... divertida. Eso: divertida. *(Desorbitado.)* ¡Ja-ja-ja! *(Humilde.)* No, tan divertido no es. Le... ¿le gusta cómo... *(El* Peluquero *lo mira, inescrutable)*... le corté? Por ser... novato... *(El* Peluquero *se estira las mechas de la nuca.)* Podríamos ser socios... ¡No, no! ¡No me quiero meter en sus negocios! ¡Yo sé que tiene muchos clientes, no se los quiero robar! ¡Son todos suyos! ¡Le pertenecen! ¡Todo pelito que anda por ahí es suyo! No piense mal. Podría trabajar gratis. ¡Yo! ¡Por favor! *(Casi llorando.)* ¡Yo le dije que no sabía! ¡Usted me arrastró! ¡No puedo negarme cuando me piden las cosas... bondadosamente! ¿Y qué importa? ¡No le corté un brazo! Sin un brazo, hubiera podido quejarse. ¡Sin una pierna! ¡Pero fijarse en el pelo! ¡Qué idiota! ¡No! ¡Idiota, no! ¡El pelo crece! En una semana, usted, ¡puf! ¡hasta el suelo! *(El* Peluquero *le señala el sillón. El* Hombre *recibe el ofrecimiento incrédulo, se le iluminan los ojos.)* ¿Me toca a mí? *(Mira hacia atrás buscando a alguien.)* ¡Bueno, bueno! ¡Por fin nos entendimos! ¡Hay que tener paciencia y todo llega! *(Se sienta, ordena, feliz.)* ¡Barba y pelo! *(El* Peluquero *le anuda el paño bajo el cuello. Hace girar el sillón. Toma la navaja, sonríe. El* Hombre *levanta la cabeza.)* Córteme bien. Parejito.

(El Peluquero *le hunde la navaja. Un gran alarido. Gira nuevamente el sillón. El paño blanco está empapado en sangre que escurre hacia el piso. Toma el paño chico y seca delicadamente. Suspira larga, bondadosamente, cansado. Renuncia. Toma la revista y se sienta. Se lleva la mano a la cabeza, tira y es una peluca lo que se saca. La arroja sobre la cabeza del* Hombre. *Abre la revista, comienza a silbar dulcemente.)*

TELÓN

La malasangre

1981 (ocho escenas)
Fue estrenada el 17 de agosto de 1982 en el Teatro Olimpia de Buenos Aires, con el siguiente reparto:

Servidora de escena	*Marisa Rouco*
Asistente de dirección	*Ernesto Korovsky*
Escenografía y vestuario	*Graciela Galán*
Puesta en escena y dirección	*Laura Yusem*

ACTORES Y PERSONAJES

Dolores	*Soledad Silveyra*
Rafael	*Óscar Martínez*
Padre	*Lautaro Murúa*
Madre	*Susana Lanteri*
Fermín	*Patricio Contreras*
Juan Pedro	*Danilo Devizia*

Escena I

Un salón hacia 1840, las paredes tapizadas de rojo granate. La vestimenta de los personajes varía también en distintas tonalidades de rojo. Una gran mesa de roble lustrado, enteramente vacía, un sofá, tres sillas de alto respaldo y un pesado mueble, aparador o cómoda, con candelabros. Un piano en un extremo.

Dos puertas laterales y a foro una ventana con cortinas. El PADRE, *que viste de rojo muy oscuro, casi negro, está de pie, de espaldas, enteramente inmóvil, y mira hacia abajo a través de los vidrios de la ventana.*

Después de un momento, entra la MADRE. *Trae una bandeja con un botellón de cristal y dos copas.*

MADRE.—Acá está el vino. *(Con una sonrisa tímida.)* Te lo quise traer yo.

PADRE.—Te lo agradezco. *(Una pausa. Secamente.)* ¿Por qué dos copas? ¿Quién bebe conmigo?

MADRE.—Pensé...

PADRE.—Mejor que no pienses. *(La* MADRE *deja la bandeja sobre la mesa. El* PADRE *vuelve a mirar por la ventana, el rostro ácido y malhumorado.)* Ninguno me gusta. Ninguno me gusta de todos ésos. No hay uno que valga nada. Creen que van a venir acá y que soy ciego y tonto.

MADRE.—*(Se acerca y mira con él.)* El tercero...

PADRE.—*(Fríamente.)* El tercero, ¿qué?

MADRE.—Parece agradable.

PADRE.—*(Oscuro.)* Sí.

MADRE.—*(Pierde seguridad.)* Va a estar en la casa.

Padre.—Sí. ¿Y con eso?

Madre.—*(Tímidamente.)* Es mejor que sea agradable, ¿no?

Padre.—Sí. Y también parece inteligente. *(La remeda.)* ¿No?

Madre.—*(Insegura.)* No sé.

Padre.—¿Y qué otras condiciones tiene? *(Le toca un seno groseramente.)* Mi mujercita sagaz.

Madre.—*(Se aparta.)* Benigno, por favor.

Padre.—*(La rodea con un brazo, la hace mirar por la ventana. Con dulzura.)* Miremos juntos. Dos ven más que uno. ¿Qué más ves?

Madre.—Tiene aspecto... *(Se interrumpe.)*

Padre.—Sí.

Madre.—Es muy atildado.

Padre.—Querés decir buen mozo.

Madre.—No. Que está bien vestido. Con guantes... rojos.

Padre.—¡Qué vista penetrante! ¿Y qué más ves? Estuve atinado en pedirte que miráramos juntos.

Madre.—*(Insegura.)* Y... y no veo más.

Padre.—Sí. Ves más. ¡Te gusta la cara! *(La empuja brutalmente.)* ¡Fuera!

Madre.—¿Pero por qué?

Padre.—¡Sólo mi cara tenés que mirar, puta!

Madre.—Te miro, ¡y no me insultes!

Padre.—*(Como si hubiera oído mal, se toca la oreja. Mira a su alrededor, divertido.)* ¿Qué? Yo dicto la ley. Y los halagos. Y los insultos. Dije lo que dije, y lo puedo repetir. *(Muy bajo.)* Puta.

Madre.—Te pedí que no me insultes.

Padre.—¿Por qué?

Madre.—Por respeto.

Padre.—*(Como siguiéndole el juego, alarmado.)* ¡Y pueden oír!

Madre.—Sí.

Padre.—No. Lo dije muy bajo. ¡Y lo puedo gritar alto! Nadie oye lo que yo no quiero. Oyen, pero no entienden. ¡Fuera, fuera de aquí!

Madre.—*(Se aleja hacia la puerta, se vuelve. Suavemente.)* Te odio.

Padre.—*(Se dirige hacia ella.)* ¿Qué?

Madre.—No quise decirlo.

76

PADRE.—¿Qué? *(Le toma el brazo, como si quisiera hacerle una caricia. Pero después de un momento, se lo tuerce.)* ¿Qué? Yo tampoco entiendo lo que no me gusta oír. *(Le tuerce más el brazo.)* ¿Qué?
MADRE.—*(Aguanta el dolor, luego.)* Te amo.
PADRE.—*(Dulcemente.)* ¡Después de tanto tiempo! Otra vez...
MADRE.—*(Guarda silencio un momento, luego, como el* PADRE *acentúa la presión.)* Te... amo.
PADRE.—*(La suelta, la besa en la mejilla. Con naturalidad.)* Gracias, querida. Ahora déjame. Hace frío en el patio. Deben de estar congelados. No quiero que esperen más. (*La* MADRE *sale. El* PADRE *toca el cordón del timbre. Mira por la ventana. Se asoma* FERMÍN. *Es alto y robusto, se advierte que entre el* PADRE *y él hay una especie de complicidad, de acuerdo tácito en sus respectivos roles.)*
FERMÍN.—¿Señor?
PADRE.—*(Mira por la ventana.)* El tercero que se vaya. Hace frío.
FERMÍN.—Sí, señor.
PADRE.—¡Fermín! Si tarda, podés empujarlo.
FERMÍN.—*(Como siguiendo un juego.)* ¿Cómo sé que tarda? ¿Debe correr? *(El* PADRE *se encoge puerilmente de hombros.* FERMÍN, *con una sonrisa.)* Lo haré, señor. *(Sale.)*
PADRE.—*(Mira por la ventana.)* Tomaste frío tontamente. Se va a mirar en el espejo y desconfiará de su cara o de sus uñas roñosas bajo los guantes. *(Se vuelve. Infantil.)* ¿Qué hice, qué hice? ¿Por qué me echan? Yo estaba ahí en la fila, ¡buenito! ¡Y me compré guantes rojos! *(Mira.)* ¡No con tanta brusquedad, Fermín! ¡Qué bruto es! *(Ríe espasmódicamente, se atora. Ácido.)* Ninguno me sirve de todos ésos. El primero demasiado orgulloso, el segundo demasiado alto, el tercero no está, el cuarto... Y ese que sale de la fila, ¿cómo se atreve? ¿Es que «yo» dije que podían saltar como canguros para entrar en calor? *(Mira algo que lo sorprende, se vuelve.)* ¡Oh! ¡Oh, oh, Dios mío! *(Ríe espasmódicamente, con alegría. Sacude el cordón del timbre.)* Dios mío, te agradezco. Te agradezco la consideración a mis deseos, yo pecador. *(Canturrea.)* La madre se me calienta, la hija se me enamora... *(Se asoma* FERMÍN.) El que da vueltas... El que menos luce...
FERMÍN.—¿Lo echo a patadas?

Padre.—¡No! Traelo aquí.
Fermín.—¿Los otros?
Padre.—Que esperen. El frío es sano. Baja los humos. (Fermín *sale. El* Padre *se sirve vino y bebe. Contento.*) Veremos si con éste ocurre lo mismo. (*Ríe espasmódicamente. Canturrea.*) La madre se me calienta, la hija se me enamora... (Fermín *abre la puerta a* Rafael, *quien entra y se inclina. Viste un traje de tela liviana, está amoratado de frío. Tiene rostro muy hermoso, sereno y manso. Su espalda está deformada por una joroba y camina levemente inclinado.*)
Padre.—(*Con una sonrisa cordial.*) Adelante. (*Avanza hacia* Rafael. *No le da la mano. Lo rodea y le mira la espalda. Ríe con su risa espasmódica.*) Sí... Es contrahecho...
Rafael.—Señor...
Padre.—Estará bien con nosotros. Como ve, tengo buen carácter. (Rafael *sorbe.*) Hacía frío afuera, ¿no? Me levanté tarde, la cama estaba caliente. Por eso esperaron tanto. Pero acá no. No hace frío. ¿O sí?
Rafael.—No... No, señor, no hace frío.
Padre.—(*Tímido.*) Quiero pedirle... (*Se interrumpe.*)
Rafael.—¿Qué?
Padre.—No lo tome a mal. Soy brusco, nadie me quiere, pero no se puede pedir a la gente que lo quiera a uno. Si no hay un interés... Usted tiene un interés.
Rafael.—Sí, señor.
Padre.—Entonces... no digo amor, pero comprenderá.
Rafael.—(*No entiende.*) Sí, señor.
Padre.—(*En un arranque.*) ¡Bueno, se lo pido! (*Se queda en silencio, inmóvil. Luego camina nervioso. Se detiene, mira a* Rafael *como si esperara algo.*)
Rafael.—A sus órdenes.
Padre.—¡Es lo que quería oír! ¡Después no se queje! (*Ríe, nervioso y espasmódico. Una pausa. Luego, tierno y casi lascivo.*) Desnúdese.
Rafael.—¿Qué?
Padre.—¡Dijo que sí, dijo que sí!
Rafael.—(*Retrocede.*) No...
Padre.—Vamos... Entre hombres. Mi mujer quería quedarse, pero la eché.

Rafael.—¿Por qué?
Padre.—¿Por qué la eché?
Rafael.—No. Por qué usted quiere...
Padre.—¡Nunca vi! *(Ríe, se atora.)*
Rafael.—*(Humillado.)* No soy una curiosidad.
Padre.—Yo tampoco. Y me desnudo. ¡Sólo cuando me baño! *(Tierno y confidencial.)* A oscuras. Lo otro a oscuras. Con un agujero en el camisón. *(Ríe, se tapa la boca, con vergüenza.)*
Rafael.—No puedo. *(Saluda inclinándose y se aleja hacia la puerta.)*
Padre.—¡Señor! (Rafael *se vuelve.)* ¿Vio cuántos esperan en el patio?
Rafael.—Sí.
Padre.—Una larga fila. Muertos de frío. Saben que mi casa es rica, que mi trato es bueno. Y yo los miré, hace rato que los miro, y cuando apareció usted dije: ése. Ése.
Rafael.—¿Por qué?
Padre.—*(Remeda.)* ¿Por qué, por qué? Por su linda cara. *(Se acerca y le da vueltas alrededor.)* Y es limpio. *(Le pasa el pulgar por la mejilla.)* Afeitado. *(Señala la joroba.)* ¡Pero esto! ¿Me deja... tocarla? Da suerte. *(Ríe.)* ¡Hombre afortunado!
Rafael.—*(Pálido de humillación.)* Soy un buen profesor.
Padre.—*(Suavemente.)* Lo veremos. *(Ansioso.)* ¿Me permite?
Rafael.—No.
Padre.—*(Se acerca a la ventana, aparta la cortina y mira.)* Llueve. Y no se van. Ni se guarecen bajo el alero. Disciplinados y en fila. Saben hacer buena letra. Saben que todo camino empieza con la buena letra. *(Se vuelve hacia* Rafael.*)* Pero yo ya elegí. A usted.
Rafael.—Soy un buen profesor.
Padre.—*(Blandamente.)* Eso cuenta también. Desnúdese. *(Ríe.)* Hasta la cintura. Más no. *(Le toca la ropa.)* Limpia, pero raída. Liviana. Afeitado, pero macilento. Eso se llama hambre. Y no todos, en esta ciudad *(ríe)* quieren tener a un contrahecho en casa. Pero yo sí. Y no será un criado. Tendrá cuarto aparte. Se sentará a la mesa con nosotros. Y comerá. Nos trataremos de igual a igual.
Rafael.—Gracias.
Padre.—Váyase, si quiere.

(Un silencio. Se oye la lluvia.)

Rafael.—No quiero irme.
Padre.—¡Trato hecho! Ordenaré que se vayan los otros. Carece de sentido hacerlos esperar. *(Sacude el cordón del timbre.)* Llueve mucho y el puesto está tomado.
Fermín.—*(En la puerta.)* ¿Señor?
Padre.—El puesto está tomado.
Fermín.—Me alegro, señor. *(Una pausa.)* ¿Me necesita?
Padre.—¿Yo?
Fermín.—Usted llamó, señor.
Padre.—¿Que yo llamé? No me acuerdo qué quería. ¿Qué quería?
Fermín.—Ya entramos las jaulas con los pájaros.
Padre.—¡Ah! ¡Eso! ¡Llueve tanto!
Fermín.—Usted sabe que a los pájaros los cuido. No debiera preocuparse, señor.
Padre.—Gracias, Fermín. (Fermín *se retira. El* Padre *sonríe a* Rafael.) Debiera preguntarle qué materias enseña.
Rafael.—Francés y latín, señor. Botánica, matemáticas.
Padre.—¿Matemáticas también? ¡Soberbio! A mí me enseñará matemáticas, las niñas sólo necesitan saber que dos más dos son cuatro. *(Vagamente lascivo.)* ¿Y... y lo que le pedí...? *(Bajo.)* Desnúdese.
Rafael.—¿Para qué?
Padre.—*(Bromista.)* Para saber si no miente.
Rafael.—No miento. *(Con una sonrisa crispada.)* Tengo joroba desde la infancia. Mi padre quizás fue jorobado también...
Nadie pudo decirme cómo la conseguí. Si usted quiere, puede tocarla.
Padre.—*(Seco.)* No a través de la ropa.
Rafael.—No... puedo.
Padre.—*(Dulce y ansioso.)* Quiero verla. Por favor.
Rafael.—*(Lo mira fijamente. Después, con lentitud, se deshace el nudo de la corbata, se quita la chaqueta, la camisa.)*
Padre.—*(Se acerca y observa con curiosidad, como a un animal extraño.)* Nunca había visto. ¿Es un hueso?
Rafael.—*(Con mortificación.)* Hueso y carne.

Óscar Martínez y Lautaro Murúa en *La malasangre*.

Padre.—Es muy lisa.

Rafael.—Sí, muy lisa.

Padre.—*(Tiende la mano con asco, toca apenas.)* Es la primera vez que veo, que toco. Me da asco. Fuerte, compacta. ¿No le pesa? Pobrecito, debe pesarle. Como cargar una bolsa con piedras. Siempre. Cuando duerme y come y camina. Y... hace el amor.

Rafael.—No.

Padre.—*(Ansioso.)* ¿No hace el amor?

Rafael.—No me pesa.

Padre.—Los genes se acoplaron mal. *(Se tienta. Ríe espasmódicamente.)* ¡Qué capricho! *(Se despereza, enderezando su espalda.)* Cúbrase. ¡A ver si se le resfría! *(Ríe.)* Brindemos. Lo acepto. *(Sacude el cordón del timbre. Sirve dos copas. Tiende una a* Rafael, *quien se está vistiendo torpemente. Espera con la copa tendida. Risueño.)* Ligero... Al amo no se lo hace esperar. (Rafael *toma la copa, nervioso, intenta beber, se la tira encima. El* Padre *lo observa, ríe.)* Casi perfecto. *(Canturrea.)* La madre se me calienta, la hija se me enamora... *(Un poco antes ha entrado* Fermín, *respondiendo al llamado. Con curiosidad burlona ha observado los gestos torpes de* Rafael.)

Fermín.—La corbata, señor, ¿se la anudo?

Rafael.—No, gracias.

Padre.—*(A* Fermín.) Que vengan las damas. Está el profesor. *(Sale* Fermín.) Usted jamás hubiera pensado tener tanta suerte... Ni le pido referencias. Suerte, ¿eh? ¿Y por qué?

Rafael.—No sé, señor. Se lo agradezco.

Padre.—¡Su joroba! ¡Muchacho, le da suerte! *(Ríe.)*

Rafael.—Sí, señor.

Padre.—*(Se asoma a la ventana.)* Llueve. Dicen que en estos tiempos nadie es capaz de obstinarse en nada. *(Ríe.)* ¡Pero esos de ahí abajo! ¡Qué buena madera! La necesidad es la mejor obstinación... Esperan y no se convencen... ¡de que ya están sonados![1].

---

[1] «sonado»: en Argentina, se dice de quien ha sufrido una pérdida o padecido las consecuencias negativas de algún hecho; coloquialmente «fracasado».

(*Entran* Dolores *y la* Madre. Dolores *es una hermosa muchacha de veinte años, de gestos vivos y apasionados, y una especie de fragilidad que vence a fuerza de orgullo, de soberbio desdén.*)

Padre.—Mi mujer, mi hija Dolores. (*A* Rafael.) ¿Cuál es su nombre?
Rafael.—Rafael Sánchez.
Padre.—Rafael, digamos. (*A* Dolores.) Te enseñará latín y francés. Botánica. ¿Sabés lo que es botánica?
Dolores.—Sí.
Padre.—Cómo son las hojitas y los árboles y los pajaritos en los árboles. (*Alusivo.*) ¿Te lo enseñaba el otro? (Dolores *le vuelve la espalda.*) Y dibujo. (*A* Rafael.) ¿Dibujo sabe?
Rafael.—Sí, señor.
Padre.—¡Una alhaja! Dolores, podés darle la bienvenida. (*A* Rafael.) Estaba muy encariñada con su viejo profesor. Bueno, no tan viejo, ¿no?
Dolores.—(*Lo mira desafiante.*) No.
Madre.—(*Tímidamente.*) No estuvo mucho tiem...
Padre.—(*La hace callar con una mirada.*) Ése es el peligro. Si son viejos son ñoños, y si son jóvenes son aprovechados. Pero algunos ya entran con el pie torcido en la vida, o la espalda (*festeja riendo con una corta risa que interrumpe cubriéndose la boca*), y no son peligro para nadie. (*A la* Madre.) Traete tu bordado y sentate allí. (*Le señala el sofá.*) Pero te autorizo a ausentarte. (*Ríe espasmódicamente y sale.*)

(Dolores *mira a* Rafael, *seria e inamistosamente.*)

Madre.—(*Con una sonrisa torpe.*) Bienvenido. Estará cómodo con nosotros. Dolores es...
Dolores.—(*La interrumpe, secamente.*) Como soy.
Madre.—Siéntese.
Rafael.—Gracias. (*Pero no lo hace, ya que* Dolores *y la* Madre *están de pie.*)
Dolores.—(*Lo mira. Después de un silencio.*) Es mejor morirse de hambre que aceptar lo que no merecemos.
Rafael.—Soy un buen profesor.

Dolores.—O lo que merecemos por taras.

Madre.—*(Confusa.)* No le haga caso. Siéntese. *(Se sienta. Rafael hace lo mismo.)* ¿Comerá con nosotros? *(Teme haber hablado de más. Se levanta. Rafael hace lo mismo.)* O... tal vez con los criados. Pero la comida es buena. La misma. Sin vino.

Rafael.—Comeré con ustedes, señora. El señor ha tenido esa bondad.

Dolores.—¡Qué extraordinario! Papá es demasiado bondadoso. *(Con una sonrisa torcida.)* Ya lo verá usted. Una bondad desbordante como un río... *(borra la sonrisa)* que ahoga. Mamá, te mandaron a buscar tu bordado. Y todavía estás acá. ¡Vaya, perrito!

Madre.—¡Dolores!

Dolores.—Y después venga, pero no habrá peligro. Lo dijo papá. *(Mirando a Rafael.)* ¡Y es cierto!

Madre.—*(Torpe, a Rafael.)* Enseguida vuelvo. Si quieren empezar... *(Sale.)*

Dolores.—*(Furiosa, va hacia el gran aparador, abre un cajón. Saca cuadernos, libros, una carpeta con dibujos. Arroja todo sobre la mesa.)* ¡Acérquese!

Rafael.—No sabía que tenía otro profesor. Entonces seguiremos...

Dolores.—¡Nada! Tenía otro, ¡con la espalda derecha! *(Una pausa.)* Perdóneme. Quería decir... que no era servil.

Rafael.—Yo tampoco. *(Una pausa.)* O sí. *(Como ella lo mira, burlona.)* No hay límites muy claros, señorita.

Dolores.—Para algunos. *(Abre la carpeta.)* Acérquese. Esto es lo que dibujo. Nada torpe, ¿no?

Rafael.—*(Mira.)* No. Está muy bien.

Dolores.—Tengo talento.

Rafael.—Diría que sí.

Dolores.—*(Ríe.)* Me los hacía mi profesor. A mí me tiemblan las manos. Odio el dibujo.

Rafael.—Yo haré que a usted le guste.

Dolores.—¿Sí? *(Lentamente.)* Nadie hace que me guste nada.
¡Nadie hace gustarme nada!

Rafael.—Quiero decir...

DOLORES.—Le haré salir canas verdes[2].
RAFAEL.—¿Por qué?
DOLORES.—Porque lo eligió mi padre.
RAFAEL.—También al otro.
DOLORES.—Al otro lo elegí yo. Sin mostrar demasiado interés, por supuesto. Duró quince días. Para mí era un viejo, pero a mi padre le parecía buen mozo, sospechaba. *(Ríe, ácida.)* No sólo de mí, también de mi madre.
RAFAEL.—*(Mansamente.)* No sospechará conmigo.
DOLORES.—*(Lo mira.)* No. Es evidente.
RAFAEL.—No me agrada.
DOLORES.—¿Yo? No me tomo el trabajo. Usted ya está agredido por naturaleza. *(Como* RAFAEL *va a hablar.)* ¡No me conteste! ¿Quiere vino?
RAFAEL.—No.
DOLORES.—¿Cómo va a tomar vino sin permiso? Yo sí. *(Se sirve y alza la copa hacia* RAFAEL. *Con una furia helada.)* Brindo por usted. Bienvenido a esta casa. *(Bebe. Arroja la copa contra la pared. Entra la* MADRE. *Mira con sorpresa.* DOLORES, *con hipócrita dulzura.)* Se me voló la copa, mamá. Quería servirle al profesor y se me voló la copa.

---

[2] «hacer salir (o sacar) canas verdes»: argentinismo con el significado de causar problemas o preocupaciones a una persona.

Programa de mano de *La malasangre*.

Escena II

Rafael y Dolores *en el salón. Están estudiando, con libros y cuadernos sobre la mesa, sentados del mismo lado. Silencio. Se asoma la* Madre. Dolores *la mira fríamente.*

Madre.—*(Con una sonrisa incómoda.)* ¿Todo bien?
Rafael.—Sí, señora. *(Va a incorporarse.)*
Madre.—No, no, me voy. Sólo quería saber si necesitaban algo.
Dolores.—*(Con una dulzura venenosa.)* No, mamá. Tanta preocupación me conmueve. Estamos estudiando, ¿no ves?
Madre.—Sí, sí. *(Torpe.)* Estudien. Hasta luego... *(Sale.)*
Dolores.—*(La remeda con una sonrisa torcida.)* Estudien... Me duele la cabeza. *(Silencio de* Rafael, *los ojos bajos sobre su libro.)* Se dice: lo siento o se pregunta si duele mucho. Hay que ser cortés. Me duele la cabeza.
Rafael.—*(Sin levantar los ojos, neutro.)* ¿Mucho?
Dolores.—Sí, como para no poder escribir.
Rafael.—Está progresando muy bien.
Dolores.—Soy inteligente. *(Arroja el lápiz.)* ¡No estoy en vena! *(Se oye afuera el ruido de un carro y de las herraduras de los caballos sobre las piedras. Ambos atienden.* Dolores.*)* Todas las mañanas pasa. Pero por deferencia hacia mi padre, muchas veces no gritan... «melones».
Rafael.—*(Sin levantar los ojos.)* Sigamos. Si se esfuerza...
Dolores.—¡Dije que no estoy en vena!
Rafael.—Se añade «or» para el comparativo. Por ejemplo, prudenti, prudentior...

Dolores.—*(Se levanta y lo enfrenta del otro lado de la mesa. Acentúa.)* No me importa. No me in-te-re-sa.

Rafael.—*(Sin mirarla.)* Su padre ordenó que la mañana estuviese dedicada al latín.

Dolores.—¡Mi padre es un imbécil! ¡Latín! En una ciudad salvaje. La mejor cabeza es la cortada. El mejor ruido es el silencio. Quiere que aprenda latín. ¡Hay que ser imbécil!

Rafael.—*(La mira.)* Si se niega a estudiar, tendré que decírselo.

Dolores.—Acá son todos cuenteros[3]. Uno más no desbordará el río.

(Se asoma el Padre. *Rápidamente,* Dolores *toma una hoja, y luego, tanto ella como* Rafael, *se quedan quietos, como concentrados. El* Padre *los mira y lanza su risa espasmódica.* Rafael *saluda y va a incorporarse. Con un gesto de la mano, el* Padre *le indica que no, ríe y se marcha.)*

Rafael.—Deberé informarle...

Dolores.—¿Y por qué no lo hizo? *(Lo remeda.)* Deberé informarle... ¿Y qué hará mi padre? ¿Me pondrá en penitencia? *(Niega, con una sonrisa burlona.)* Le rezongará a usted. Para eso le paga.

Rafael.—Siéntese, por favor. (Dolores *lo mira, finalmente se sienta en su lugar.)* Y el superlativo se forma agregando «ssimus», prudenti, prudentior, prudentissimus. (Dolores, *con ostensible indiferencia, tararea.)* Atiéndame. Me hace el trabajo muy difícil.

Dolores.—Para eso le pagan.

Rafael.—Me pagan para que le enseñe. No para que se burle de mí.

Dolores.—«Sí», para que me burle de usted. Eso tranquiliza a mi padre.

(Entra Fermín. *Trae una bolsa granate, que mantiene alejada del cuerpo.)*

---

[3] «cuenteros»: chismosos.

Fermín.—Permiso, señorita.

Dolores.—*(Ve la bolsa, se incorpora con sobresalto.)* ¿Qué traés ahí, Fermín?

Fermín.—*(Con una sonrisa.)* ¡Melones! *(Mete la mano en la bolsa, la saca ensangrentada.)*

Dolores.—*(Pálida.)* ¡Llevate eso! *(Se cubre la boca con la mano.)* ¡Huele mal! ¿Cómo...?

Fermín.—*(Sonríe.)* ¡Pasaron y compré! Pensé, a la niña le gustará. *(Hurga en la bolsa.)*

Dolores.—¡No, no!

Rafael.—¡Salga de aquí!

Fermín.—*(Sonriente, pero oscuro.)* No me alce la voz, señor. Cuidado. *(A* Dolores.*)* Niña, ¿qué piensa? Fui a hacer las compras al matadero. Y en el camino, pasó el carro. Mire. *(Saca un melón.)* Es un melón. Pura miel. Me dije, la niña se vuelve loca por los melones...

Dolores.—Pero nunca... nunca más comí... *(Se rehace.)* ¡Qué broma estúpida! ¡Se lo diré a mi padre! ¡Bruto, bestia asquerosa!

Fermín.—*(Muy contento.)* ¡Niña! ¡Si fue su padre! Me dijo andá a divertir a la niña y al jorobado. ¡Estudian mucho! *(Ríe.)* ¿No lo quiere?

Dolores.—¡No! *(Aparta el rostro.)* Rafael, sigamos con la lección. ¿Dónde estábamos?

Fermín.—*(Se huele la mano, se la seca sobre la ropa.)* Compré carne podrida. Para darle un susto. ¡Pero fue idea del señor!

Rafael.—Está bien, Fermín. Dígale gracias.

Fermín.—*(Pone el melón sobre la mesa, entre los libros.)* Lo dejo acá. Se lo pueden comer. *(Vengativo.)* ¡Le voy a decir al señor que no se divirtieron! La señorita cree que a los salvajes, inmundos, asquerosos, no se les debe cortar la cabeza. Es demasiado buena.

Rafael.—No. La señorita cree que es justicia. (Dolores *levanta la cabeza, lo mira.* Rafael, *a* Dolores.*)* Dios perdonará a los débiles.

Dolores.—Yo no me perdonaré.

Fermín.—¿Se lo comen o no?

Rafael.—Más tarde.

Fermín.—¡No está maduro! *(Ríe.)* ¡Pura miel! ¡En invierno! *(Sale.)*

Rafael.—*(Toma la fruta y la coloca sobre el aparador.)* Vamos a terminar la lección.

Dolores.—Gracias. *(Una pausa.)* Pero no necesita hablar por mí.

Rafael.—No volveré a hacerlo. *(Hojea el libro.)* Acá estábamos. Prudenti, prudentior, prudentissimus.

Dolores.—Dije que me dolía la cabeza. Y ahora me duele más. *(Con tierna burla.)* Rafael prudentissimus.

Rafael.—Por favor, sigamos. Está mintiendo.

Dolores.—¡Nunca miento!

Rafael.—Veritas odium parit.

Dolores.—¿Qué es eso? ¿Nunca mirás de frente?

Rafael.—*(Alza la cabeza y la mira.)* La franqueza engendra odio.

Dolores.—*(Ríe, luego.)* Te equivocás. Cuando te miro el rostro me parece...

Rafael.—No hemos avanzado nada.

Dolores.—*(Suavemente.)* ¿Conociste mujer?

Rafael.—No hemos...

Dolores.—¡No hemos cuernos! *(Suavemente.)* ¿Conociste mujer? *(Silencio tenso de* Rafael.*)* ¿No? *(*Rafael *cierra los ojos.)* ¿Quién va a quererte, no? Por eso te eligió mi padre. Me guarda para alguien como él. Más rico. Prefiero matarme. Pero no. La muerte no me gusta. ¿A vos te gusta?

Rafael.—¿Qué?

Dolores.—¡La muerte, bobo!

Rafael.—No.

Dolores.—Entonces, te gusta lo mismo que a mí. *(Le pasa el dedo por el dorso de la mano.)* ¡Qué hermosa manito!

Rafael.—*(Aparta la mano.)* Déjeme.

Dolores.—Te dejo. *(Cambia de lugar.)* De frente pasás. Mirame. (Rafael *alza la cabeza y la mira.* Dolores, *sincera.)* Tenés lindos ojos. Demasiado tiernos. *(Espera un comentario o reacción que no se produce.)* Cuando te miro me parece que no tenés...

Rafael.—*(Termina por ella.)* ¿Joroba? Pues la tengo, señorita.

Dolores.—Eso tranquiliza a mi padre. Pero hace mal. Basta que me prohíba una fruta para que me tiente comerla. ¿Me entendés?

Rafael.—No. Ni quiero.

Dolores.—*(Dulcemente.)* ¿Te explico?

Rafael.—*(Tenso.)* No.

Dolores.—Hay mujeres que... que se pueden enamorar de los defectuosos...

Rafael.—*(Tenso.)* ¡Y defectuosos que por suerte no se enamoran de las imbéciles!

Dolores.—*(Ríe.)* ¡Ah, sos capaz de enamorarte!

Rafael.—Como cualquier hombre. Sigamos. El verbo varía de terminación, Petrus amat...

Dolores.—¿Y de vos se enamoraron?

Rafael.—*(Cada vez más tenso.)* Petrus amat, Petrus...

Dolores.—*(Fría y autoritaria.)* Te hice una pregunta. Contestáme. Acá los criados contestan cuando se los interroga.

Rafael.—¿Ya se le pasó el susto? Contestaré las preguntas referidas a la lección. Y no soy un criado.

Dolores.—¿Quién te dijo que me asusté? Hace falta más que una broma idiota. Y sí que sos un criado porque te dejan a solas... conmigo. *(Exasperado, Rafael cierra bruscamente el libro. Dolores sonríe, dulcemente.)* ¿Te enojaste?

Rafael.—No, señorita. *(Se controla, abre el libro.)* Sigamos.

Dolores.—Lindos ojos... Tiernos y sedientos. Mirame.

Rafael.—Jamás la miraré.

Dolores.—*(Persuasiva.)* ¿No?

Rafael.—Usted se confunde.

Dolores.—¿Con qué?

Rafael.—Con el objeto de su... *(Va a decir algo irreparable, se contiene.)*

Dolores.—*(Fría.)* Terminá.

Rafael.—Quiero enseñarle lo que sé y basta. Es mi trabajo y lo cumpliré a conciencia. No haga la coqueta conmigo que no va. Soy su profesor y debe obedecerme... en esto.

Dolores.—*(Ríe, luego dulcemente.)* Lindos ojos... Sedientos. *(Una breve pausa.)* ¡Pero qué problema abrazarte! *(Hace un gesto hiriente como si no le alcanzara el brazo.)*

Rafael.—*(Se incorpora bruscamente.)* ¡Cállese, maldita sea! ¡Malcriada, odiosa!
Dolores.—¡Servil!
Rafael.—¿Servil? ¡Pero tonta! ¡Orgullosa con el estómago lleno!
Dolores.—*(Lo enfrenta muy cerca.)* ¡Ser-vil! (Rafael *le pega una bofetada.* Dolores *se lleva la mano a la mejilla, no puede creerlo, vacila un momento entre la humillación y el llanto, y se crispa de furia.)* ¡Se lo diré a mi padre! ¡Ponerme la mano encima! *(Sacude frenética el cordón del timbre.)* ¡A mí! ¡Nadie me pegó jamás y que un...! ¡Se lo diré! ¡Te pondrá de patitas en la calle! ¡Jorobado!
Rafael.—¡No lo haga!
Dolores.—¡Te meterá preso!
Rafael.—¡Le pido disculpas!
Dolores.—¡Ni que te arrodilles! *(Se asoma* Fermín.*)* ¡Que venga mi padre!
Fermín.—¿Qué pasó, niña?
Dolores.—¡Que venga mi padre! *(Sale* Fermín.*)*
Rafael.—¡Discúlpeme, por favor! ¡No debió ofenderme!
Dolores.—¿Yo? Para que yo ofenda, ¡tiene que haber «alguien» para ofender!
Rafael.—No diga eso. La criatura más mísera puede ser ofendida.
Dolores.—Está bien que reconozcas tu condición. ¡Yo te enseñaré quién obedece a quién! ¡Mi padre te lo enseñará más rápido!
Rafael.—*(Se encoge de hombros, triste.)* Como quiera.

(Entra el Padre.*)*

Padre.—*(Risueño.)* ¿Niños?
Dolores.—*(Se abalanza hacia sus brazos.)* ¡Me dio una bofetada!
Padre.—¿Quién? ¿Él?
Rafael.—Señor...
Padre.—*(Abraza a* Dolores. *A* Rafael, *tristemente.)* ¿Por qué?
Dolores.—Hice mal un dibujo. *(Se aparta, abre la carpeta de dibujo, busca.)* Vas a ver, papá. ¡Este dibujo!
Padre.—*(Triste.)* Es muy hermoso...

Dolores.—*(Vuelve a sus brazos.)* ¿Verdad, papá? Papito.
Padre.—*(Le mira el rostro.)* Te marcó los cinco dedos... *(La acaricia suavemente.)* ¿Y qué haremos, Dolores? ¿Qué haremos con él?
Dolores.—¡Que se vaya!
Padre.—Te quedarás sin profesor. Serás burrita, burrota. Como tu madre. Que si viene un franchute no sabe decir buen día. ¿Qué haremos con él?
Rafael.—Está mintiendo, señor.
Padre.—¡Cállese! *(Dulcemente, a* Dolores.) ¿Qué querés que le hagamos? Y Fermín me contó que no le gustó la broma. Quizás piense que a los asquerosos no hay que cortarles la cabeza. *(A* Rafael, *por encima del hombro de* Dolores.) Quizás lo piensa.
Rafael.—No, señor. No lo pienso.
Padre.—Pero esto no arregla nada. Le pegó a mi niña. *(A* Dolores.) ¿Qué querés que le hagamos?
Dolores.—Que lo metan preso, que le peguen, que se vaya... *(Llora.)*
Padre.—Oh, no, no. Esos lindos ojitos... Bueno, papá hará algo que le gustará a su niña. Deje de llorar. *(Le seca las lágrimas.)* Se me rompe el corazón. Te compraré un vestido. ¡Y haremos una fiesta!
Dolores.—*(Se aprieta contra él, mimosa.)* Gracias, papá. *(Hipa.)* ¡Pero me pegó!
Padre.—Sí, te pegó, ¡malo! Papá no olvida.
Rafael.—Me provocó, señor.
Padre.—*(Lo mira y por contestación ríe con su risa espasmódica. Deja de reír.)* Papá es bueno, pero se pone feroz cuando su niña llora. *(Se sienta y sienta a* Dolores *en sus rodillas.)*
Rafael.—Me iré, señor.
Padre.—*(No lo atiende.)* Acá, como cuando era chiquita. *(Sacude las piernas.)* ¡Caballito! Vamos a jugar a las adivinanzas, ¿querés?
Dolores.—*(Mimosa.)* Sí.
Padre.—A ver si acertás la primera. *(Como en un juego infantil.)* ¿Cuál es el criado más fuerte?
Dolores.—Fermín.
Padre.—¿Quién tiene el cinturón más ancho?

Dolores.—Fermín.
Padre.—¿Quién el brazo más rudo?
Dolores.—*(Ríe.)* ¡Fer-mín!
Padre.—¿Y la espalda más espesa?
Dolores.—*(Pícara.)* ¡Rafael! (Rafael *retrocede hasta empujar una silla.)* ¡Se asustó! *(Se levanta.)* ¡Se asustó, papá! *(Va hacia* Rafael.) ¡Pegame otra vez! Jorobado, lacayo. ¡Servil! ¿No era esta la palabra que te ofendía? ¡Servil! *(Aterrorizado,* Rafael *aparta a* Dolores *y va hacia la puerta. Cuando la abre, está* Fermín *en el vano. Lo sujeta.)*
Rafael.—¡Déjeme! *(Se debate inútilmente. El* Padre *mira y ríe con su risa espasmódica. En ese momento,* Dolores *comprende que el juego ha dejado de ser juego, se asusta ella entonces y rompe a llorar angustiosamente.)*

Escena III

Es de mañana. DOLORES *y la* MADRE *en el salón. Los libros y carpetas sobre la mesa.*

MADRE.—No debiste hacerlo.
DOLORES.—«Él» no debió hacerlo.
MADRE.—Tu padre es duro.
DOLORES.—*(Culpable, pero orgullosa.)* Nadie me pondrá la mano encima.
MADRE.—Sí. Pero hay muchas maneras de golpear.
DOLORES.—*(Burlona.)* Sabia. Lástima que esa sabiduría nunca la usás con vos. Te golpean de muchas maneras, pero ninguna te irrita bastante. *(La* MADRE *la mira y se aleja hacia la puerta.)* ¡Mamá! *(En un ruego.)* Quedate.
MADRE.—No. Tengo que dar las órdenes para el almuerzo. Espero que hoy comas... un poco. *(Vengativa.)* No es así como vas a conseguir que te perdone.
DOLORES.—¿A mí? ¿Quién tiene que perdonarme «a mí»?
MADRE.—Seguramente nadie. Entonces comé. *(Una pausa.)* Y dormí de noche.
DOLORES.—Me espiás.
MADRE.—Te cuido.
DOLORES.—¡Ah, ahora se llama cuidar!
MADRE.—El orgullo no hace buenas migas con el arrepentimiento.
DOLORES.—¡Sí! Si no, no sirve. *(Orgullosa, pero al borde de las lágrimas.)* ¡Nadie me pondrá la mano encima, te dije! ¡No me parezco a vos!

Madre.—Voy a dar las órdenes para el almuerzo.
Dolores.—¡Mamá! *(Se le quiebra la voz.)* Quedate.
Madre.—No. *(Sale.)*
Dolores.—*(Hojea una carpeta, alterada. Se oye pasar el carro. Dolores se queda inmóvil, atiende. Se oye un grito indescifrable de vendedor. Cuando cesa, Dolores cierra la carpeta con un golpe seco, pega con el puño sobre ella. Entra Rafael, camina más torcido. Se miran con una larga y cargada mirada. Luego, bruscamente, Dolores aparta una silla.)* Siéntese. *(Rafael continúa mirándola. Dolores, incómoda.)* ¿Cómo... está?
Rafael.—Bien... *(Agrega.)* Señorita. *(La mira fijamente.)*
Dolores.—¿Por qué me mira?
Rafael.—*(Aparta el rostro.)* Perdón.
Dolores.—*(Lo mira ella ahora, de otra manera, con culpa, tristeza y un sentimiento más profundo. Después de un silencio.)* Míreme.
Rafael.—*(Levanta los ojos hacia ella, neutro.)* Vamos a seguir...
Dolores.—Dijo que nunca iba a mirarme.
Rafael.—*(Neutro.)* Me equivoqué. Vamos a seguir...
Dolores.—No quiero. En tres días me olvidé de todo.
Rafael.—Repasaremos.
Dolores.—Nada de lo que me enseña me sirve. ¿Escuchó hoy gritar «melones»?
Rafael.—No.
Dolores.—Suerte para usted. Pasaron dos veces. En la primera, dejaron una cabeza en la esquina.
Rafael.—No vi nada.
Dolores.—Se levantó tarde.
Rafael.—Quizás. No me sentía... bien.
Dolores.—*(Bajo.)* Lo sé. Quiero decirle...
Rafael.—Nada. Me pagan para que le enseñe.
Dolores.—Le dije que son cosas inútiles.
Rafael.—Útiles o inútiles debo enseñárselas. Me pagan. Sueldo, alojamiento y comida. Con los señores.
Dolores.—*(Lo mira. Bruscamente.)* ¡Empecemos! *(Se sienta. Rafael no la imita.)* Siéntese.
Rafael.—*(Dolorido por el castigo.)* Estoy mejor de pie.

(Entra Fermín, trae una bandeja con una taza y una jarra de chocolate.)

Fermín.—Permiso, señorita. La señora me manda servirle este chocolate. ¿Se acuerda cuando se lo llevaba a la cama?
Dolores.—*(Seca.)* No me acuerdo.
Fermín.—¡Oh, usted se reía mucho conmigo! *(Sirve.)*
Dolores.—Ya no.
Fermín.—*(Le tiende la taza.)* Y yo le llevaba regalos. ¿Qué me trajiste, Fermín?, me decía. No lo deje enfriar.
Dolores.—*(Con enojo.)* ¿Para mí? ¿Para mí sola? ¿No ves que estoy acompañada?
Fermín.—*(Burlón.)* Sí, señorita.
Dolores.—¿Y entonces?
Fermín.—Hay compañías que no cuentan. *(Mira a Rafael con una superioridad burlona. Sonríe.)*
Dolores.—*(Furiosa.)* ¿Quién te ha dicho que sonrías? ¿Quién te autorizó? ¿Yo te autoricé? ¿Te hice una broma? ¿Compartimos algo?
Fermín.—No, señorita.
Dolores.—¡Entonces, tomá tu expresión de lacayo! ¡Y llevate esto! *(Toma la taza y la deposita sobre la bandeja.)* ¡Acá hay dos personas!
Fermín.—Su madre...
Dolores.—¡Mi madre no manda en esta casa! ¡Te dije que te lo lleves! *(Aferra la bandeja y la arroja violentamente contra la puerta.)*
Fermín.—*(Humildemente, se inclina y recoge la jarra y los pedazos de la taza.)* Perdón, señorita. No debe enojarse conmigo. *(Sale. Un silencio.)*
Rafael.—*(Sonríe vagamente.)* No es bastante.
Dolores.—¿Qué no es bastante?
Rafael.—Lo sabe.
Dolores.—¡No creas que porque te defiendo...! (Rafael *ríe, amargo.* Dolores, *furiosa.)* ¡No te rías!
Rafael.—*(Borra la sonrisa.)* No. Si usted no me autoriza, tampoco me reiré.
Dolores.—¿Qué es lo que no era bastante?
Rafael.—Lo sabe.
Dolores.—No repitas.
Rafael.—Tampoco usted.
Dolores.—*(En un arranque.)* ¡Yo puedo...! *(Se contiene. Con penosa humildad.)* Por favor.

Rafael.—¿Qué quiere ahora? Nos tocaba francés y botánica. Pero podemos cambiar. Si su padre no se entera. *(Con otro sentido.)* ¿Qué quiere?
Dolores.—*(Lo mira. Con penosa humildad.)* Que me perdones.
Rafael.—Que yo... ¿De qué?
Dolores.—Que me perdones. *(Se acerca.)*
Rafael.—*(Se aparta.)* Señorita, alguien puede entrar y no estamos trabajando.
Dolores.—Te falta agregar que no te comprometa. No tengas espíritu de... *(Se interrumpe.)*
Rafael.—*(Blandamente.)* No me comprometa.
Dolores.—*(Con desprecio.)* ¡Oh, todos lacayos!
Rafael.—*(Estalla, furioso.)* ¡Basta! ¿Qué es lo que me pide? ¿Perdón? ¿Quiere pedirme perdón? ¿A mí? Si la pone contenta, perdonada está. Usted puede cometer todos los ultrajes y será perdonada.
Dolores.—¡No así!
Rafael.—«¡Sí, así!». Tan hermosa, señorita de sociedad y padre poderoso, «¡sí, así!». ¿De qué otra manera quiere ser perdonada por los lacayos? ¡Como lacayos la perdonamos! ¡Y ahora empecemos! ¡Siéntese! *(La sujeta con violencia por el hombro para que se siente.)*
Dolores.—*(Se resiste contra él. Levanta la cabeza y lo mira, muy cerca. Quedan inmóviles los dos.* Dolores, *como si lo descubriera.)* Te amo...
Rafael.—Cállese.
Dolores.—*(Aterrada.)* Te amo... Te amo con tus ojos furiosos...
Rafael.—¡Cállese!
Dolores.—*(Se aprieta contra él. En un solo impulso.)* Amo tu nariz, tus piernas, tus dientes, tu lengua.
Rafael.—La odio. *(La rechaza.)*
Dolores.—*(No lo atiende. Ansiosa y dulcemente.)* ¿No me oíste? ¿No me oíste?
Rafael.—*(Se queda en suspenso. Muy bajo, como si fuera otra persona quien hablara.)* Sí...
Dolores.—*(Apremiante.)* Sí, ¿qué?
Rafael.—Sí... Dolores...
Dolores.—*(Apremiante.)* Dolores, ¿qué?

Rafael.—Dolores... mi alegría.
Dolores.—*(Apremiante.)* ¿Lo soy?
Rafael.—*(Por un segundo pareciera que va a decir sí. Luego, terminante.)* No.
Dolores.—¡Dijiste sí!
Rafael.—*(Se aleja.)* Apártese. *(Vengativo.)* ¿Se divirtió así con el otro?
Dolores.—¿Qué otro?
Rafael.—¡Con el profesor que echó su padre!
Dolores.—¡Ni lo miré!
Rafael.—¿No? Pero un poco de coquetería con un lacayo distrae, el tiempo pasa mejor.
Dolores.—¿Pero no entendés nada? ¿No sabés nada de arrepentimiento? *(Se acerca a él.)* ¡Pegame!
Rafael.—*(Suavemente.)* ¿Y no gritará servil? ¿No llamará a su padre? ¡Oh, qué tentación!
Dolores.—*(Le pega en el pecho con los puños.)* ¿Cómo me rechazás «a mí»? ¿Qué debo hacer? ¿Cómo tengo que hablarte?
Rafael.—*(Inmóvil.)* Así. Ahora la reconozco.
Dolores.—*(Baja los brazos.)* Perdoname.
Rafael.—No debe excusarse. Yo comprendo sus arrebatos, señorita.
Dolores.—Por favor...
Rafael.—*(Lentamente.)* ¡Déjeme en paz! ¡No quiero ser juguete de nadie y menos suyo! Si yo fuera...
Dolores.—Lo que sos. Más alto, más hermoso, más derecho, no te querría. *(Se acerca y tiende la mano hacia el rostro de* Rafael.*)*
Rafael.—Se olvidó de mí. *(Le baja el brazo.)* ¿A quién debo querer yo, señorita? ¿A usted como es?
Dolores.—*(Humilde.)* A mí... como soy.
Rafael.—Me pide mucho.
Dolores.—No. *(Ríe temblorosa.)* Dijiste... Dolores mi alegría.
Rafael.—Porque... *(Busca.)* sonaba bien. Aunque no fuera cierto. *(Recupera su furia.)* ¡Y este perdón tampoco le va! Me duelen las espaldas, ¡pegó en la joroba especialmente!
Dolores.—Perdoname. ¡Te pido perdón!

Rafael.—¡La perdoné, dije! Que a uno le concedan todos los perdones, significa que no merece ninguno. ¡Como el olvido, señorita! Si uno olvida todo, sepulta, degüella su memoria. ¿Quiere ese tipo de olvido? ¿Necesita sentirse bien con su conciencia? ¡Pues se lo concedo! ¡Y déjeme en paz!

Dolores.—No. No te dejaré en paz. Quiero que me odies... por lo que te hice... y que me perdones.

Rafael.—El odio lo tiene. *(Ríe.)* ¡Y el perdón!

Dolores.—Te amo.

Rafael.—¿Qué sabe usted?

Dolores.—Sé que te amo.

Rafael.—*(Remeda, ácido.)* Sé que te amo. Se apasionó demasiado pronto, ¿no le parece? No es más que una estúpida criatura. ¡Sé que te amo! No soy un cualquiera. Como con ustedes. Tengo mi cuarto aparte. ¡Sé que te amo! *(Ríe.)* ¡Ama a un criado! A un lacayo, como dice usted.

Dolores.—¡No!

Rafael.—Sí, un criado a quien se puede castigar impunemente. ¿Sabe de qué está llena mi joroba? ¡De humillación! Humillación de criado, por supuesto.

Dolores.—Nadie te humilló jamás. Yo sí me siento humillada porque te hice...

Rafael.—*(Con una sonrisa sarcástica.)* ¿Castigar? No, señorita, no es lo mismo. No se aflija. Soy un criado. Siempre me sirven último, y no hablo si no me dirigen la palabra, y debo decir, sí, señor, sí señorita. ¡Y en mi magnífico cuarto tropiezo la joroba contra las paredes!

Dolores.—¡Te amo!

Rafael.—¿Me ama? ¡Sí, señor! *(Ríe, rectifica.)* ¡Sí, señorita! ¡Su padre se alegrará!

Dolores.—¡No me hablés de mi padre!

Rafael.—¡Bailará en una pata cuando lo sepa! ¡En dos!

Dolores.—*(Lo abraza.)* ¡No me castigues!

Rafael.—*(Vengativo.)* ¡Si no la castigo! Me acostaré con usted y le haré un hijo jorobado. ¡Podemos hacer hijos los jorobados! ¡Lo pensó? ¡Será divertido!

Dolores.—¡No, no!

Rafael.—¿No, no? ¡Sí! ¡Nos reiremos juntos, usted y yo!

Dolores.—*(Oculta la cara contra su hombro.)* ¡No me castigues, Rafael!

Rafael.—¡El nietito de su padre! Con el cuello torcido, si tenemos suerte, y una giba más grande que la mía porque su carne es fresca.

Dolores.—¡Te amo!

Rafael.—*(La rechaza.)* ¡Cállese! *(Se oye pasar el carro.)* ¿Oye? Pasa y vuelve a pasar. Ahí estará su cabeza, también. ¡Y la mía! ¡No vale la pena, señorita! ¡Para mí no vale la pena! *(Dolores le da la espalda, ahoga un sollozo.)* Ahora viene el llanto. Las señoritas lloran cuando no les satisfacen los caprichos.

Dolores.—*(Se seca las lágrimas. Lo enfrenta, orgullosa.)* ¿Quién llora?

Rafael.—La prefiero así. *(Se miran a la distancia, como dos enemigos. Entra Fermín, los observa con una suspicacia burlona. Trae otra vez una bandeja con la jarra y una sola taza.)*

Fermín.—Por un error, al profesor le servimos en su cuarto. La servidumbre está ahora muy ocupada. Y yo tengo un recado urgente que me encomendó el señor. *(Sirve el chocolate.)* Bébalo caliente. Estudia mucho. *(Va hacia la puerta.)* Y no se enoje conmigo, señorita. También puedo equivocarme. *(Ya en la puerta, como por casualidad, pero sugestivamente, pone ambas manos sobre el ancho cinturón. A Rafael.)* ¿No le molesta, no?

Rafael.—No. Gracias, Fermín. Después tomaré el chocolate en mi cuarto.

Fermín.—No le importa tomarlo frío, ¿verdad?

Rafael.—No. No me importa.

(Fermín sonríe, sale y cierra la puerta.)

Dolores.—¿Me perdonaste?

Rafael.—*(Terminante.)* No. *(Se miran intensamente. Un largo silencio.)* Sí... *(Con una sonrisa iluminada, Dolores corre hacia él.)*

Escena IV

DOLORES y la MADRE *en la habitación de* DOLORES. *Un chal sobre una silla. La* MADRE *sostiene un vestido entre los brazos,* DOLORES, *en enaguas, tararea. Cuando la* MADRE *se acerca con el vestido y lo acomoda para que coloque la cabeza,* DOLORES *se inclina y sale por el otro lado. Da vueltas tarareando.*

MADRE.—Dolores, vamos. Vestite. *(La mira.)* Estás contenta.
DOLORES.—¿Y cómo no?
MADRE.—Me alegro que estés contenta.
DOLORES.—La idea de papá es magnífica. *(Dulcemente.)* Hace proyectos con las personas y las personas dicen sí.
MADRE.—Esa persona es su hija.
DOLORES.—O su mujer. O sus criados... Nadie puede decir no al señor de la casa. Mueve un dedo y ya está.
MADRE.—Ese señor es tu padre.
DOLORES.—¿Y el otro señor, mamá? ¿El que corta cabezas?
MADRE.—¡Oh! Quien te oye puede pensar que corta cabezas todo el día. Es bondadoso. No le gusta hacerlo.
DOLORES.—*(Sonríe.)* No.
MADRE.—Se le oponen y no lo dejan elegir.
DOLORES.—*(Con sospechosa dulzura.)* Yo no me opongo, mamá. Yo lo dejo elegir. A papito. ¿Eligió bien?
MADRE.—Sí. *(Se acerca con el vestido.)*
DOLORES.—*(Se escapa.)* ¿Cómo es?
MADRE.—Buen mozo.
DOLORES.—Rico.

103

Madre.—Buen mozo y rico. Vamos. Que tu padre se impacienta.
Dolores.—¿Y qué me importa? Hermoso y rico. Pero con cincuenta años, ¿no?
Madre.—No. Es joven. ¡Si tuviste que verlo alguna vez!
Dolores.—¡Juro que no! ¿Dónde?
Madre.—En misa. Él está tan enamorado...
Dolores.—*(Se burla.)* ¡Qué emoción! *(Da unas vueltas, tararea.)* ¡Yo también estoy enamo-ra-da!
Madre.—No te burles. Vamos.
Dolores.—Mejor que espere, mamá. ¡Se pone más...! *(Termina con un gesto.)*
Madre.—¡Está tu padre! Se enfurece por nada y después descarga contra mí.
Dolores.—Nunca existe «con vos», siempre contra. Te gusta. *(Le mira el brazo.)* ¿Qué te pasó acá? ¡Cómo pellizca cuando se enfurece!
Madre.—Me golpeé contra una puerta.
Dolores.—Sí. Porque sos tonta y ciega.
Madre.—Vestite.
Dolores.—*(Se viste.)* ¿Y cómo se llama?
Madre.—Juan Pedro.
Dolores.—Juan Pedro, ¿qué?
Madre.—*(Vacila.)* De los Campos Dorados.
Dolores.—¿Qué?
Madre.—Campos Dorados.
Dolores.—*(Sonríe, incrédula.)* No es cierto...
Madre.—¿Por qué? ¿Qué tiene?
Dolores.—¡Oh, mamá! *(Se tienta.)* ¿De verdad se llama así... desde chiquito?
Madre.—Sí. Se llama... ¡De los Campos Dorados!
Dolores.—¡Oh, mamá, no puede ser! *(Ríe.)* ¿Me va a caer encima eso? ¿Yo qué hice? ¡Campos Dorados! *(Ríe.)*
Madre.—¿Y qué hay? *(Sonríe.)* ¡Es un buen apellido!
Dolores.—¡Sí! ¡Campos Dorados! ¡Brilla! ¡Campos plateados hubiera sido peor! *(Ríe.)* ¿Cómo... cómo voy a casarme con él? ¡Ay! ¡Ay, no tendrías que... que habérmelo dicho!...
Madre.—*(Sonríe.)* ¿Qué tiene? No se llama campos...

Dolores.—¿Inundados...? *(Ríe en un ataque loco de risa, se abraza a la* Madre, *que se contagia. Ríen las dos, abrazadas. Dejan de reír poco a poco.)*
Madre.—Vamos...
Dolores.—*(Con la cabeza apoyada sobre el hombro de la* Madre.) Mamá...
Madre.—¿Qué?
Dolores.—*(Se aparta un poco y la mira.)* Qué hermosa sos así.
Madre.—¿Cómo?
Dolores.—Así, riéndote.
Madre.—*(Se pone seria.)* Vamos, que tu padre espera... *(Intenta desasirse.)*
Dolores.—*(La retiene.)* Por qué no decir: que tu padre espere...
Madre.—No, basta. *(Se suelta.)* Tiene mal carácter. Mejor que te peines.
Dolores.—Yo también.
Madre.—*(Intenta peinarla.)* Ya debieras atarte el pelo...
Dolores.—*(La rechaza, sacude la cabeza.)* No hay necesidad.
Madre.—Entonces, vamos.
Dolores.—¡Dolores de los Campos Dorados! *(Ríe, pero sin ninguna alegría. La* Madre *no la acompaña.* Dolores *le hace cosquillas bajo el mentón.)* Reíte.
Madre.—Ya basta.
Dolores.—Es un buen apellido, tenés razón. Por lo menos te hizo olvidar.
Madre.—¿De qué?
Dolores.—De que no podías reírte.

(Entra el Padre.)

Padre.—¿Y? ¡Estoy harto de aguantarle la lata a ese imbécil! ¿Qué esperan?
Madre.—Ya vamos, Benigno. Estamos listas.
Dolores.—¡Oh, éste también tiene un nombre! *(Ríe.)*
Padre.—*(La mira, oscuro.)* ¿Puede saberse la causa del jolgorio?
Dolores.—Estoy contenta.
Padre.—*(Se ablanda.)* ¿Es cierto? *(Le acaricia la mejilla.)* ¿Elegí bien esta vez?

Dolores.—No podías haberme dejado a mí, ¿no, papá?

Padre.—¿Qué decís, Dolores? Sos una niña, mi niña. *(La besa en la frente.)* Te deseo lo mejor.

Dolores.—*(Por un segundo se recuesta contra él.)* No mentís. Y lo terrible es que me conmueve. *(Se aparta. Cambia de tono.)* Ya vamos, papá. ¿Es un imbécil?

Padre.—*(Tierno.)* No. Jamás te casaría con un imbécil. *(Le sonríe, afectuoso. Mira a la* Madre *y su rostro se oscurece.)* Querida, hay que tener tacto. No sos una cualquiera.

Madre.—*(Insegura, se lleva las manos al peinado.)* ¿Qué pasa? ¿En qué me equivoqué?

Padre.—Cambiate de vestido.

Madre.—¿Por qué? Te gustaba mucho éste.

Padre.—Con mangas largas es más discreto... para una señora.

Madre.—Tengo el chal. *(Se lo pone.)*

Padre.—Puede deslizarse. *(Se lo desliza. Le mira el brazo.)* ¿Qué pensaría?

Dolores.—Que las puertas golpean, papá.

Padre.—Sí.

Dolores.—Y que es ciega y tonta.

Padre.—Sí. *(Una pausa.)* No me hace honor haber elegido tan mal. *(Sale. La* Madre *y* Dolores *se miran.)*

Dolores.—Ya estoy lista. Vamos.

Madre.—No.

Dolores.—Nos esperan.

Madre.—Me cambio el vestido. *(Se miran.)*

Escena V

El salón. El Padre *y* Juan Pedro *de los Campos Dorados, un hombre joven, excesivamente bien vestido, buen mozo. Están sentados, el* Padre *tamborilea con los dedos sobre la rodilla. Un silencio. Entra* Rafael.

Rafael.—¿Me mandó llamar, señor?
Padre.—*(Sin mirarlo.)* Sí, quédese ahí. (Juan Pedro *mira fugazmente.* Rafael *se queda parado junto a la puerta. El* Padre *tamborilea sobre su rodilla. Un silencio prolongado e incómodo.* Juan Pedro *sonríe. A nadie. Se da cuenta. Borra la sonrisa. El* Padre, *con acento malhumorado, casi entre dientes.)* A las señoras siempre hay que esperarlas.
Juan Pedro.—Sí.
Padre.—Ya estaba lista. Tenía un vestido rojo y quiso ponerse otro... *(sonríe torcido)* rojo.
Juan Pedro.—Sí.
Padre.—Siempre quieren estar mejor.
Juan Pedro.—Dolores es muy joven.
Padre.—¿Dolores...? *(Grosero.)* La vieja fue. Digo, mi mujer. *(Ríe, espasmódico.)* Perdone la familiaridad. Es mi mujer, ¿no? *(Lo mira atentamente, esperando respuesta.)* Puedo tomarme algunas libertades.
Juan Pedro.—*(Incómodo.)* Sí.
Padre.—*(Se incorpora, dominándose a duras penas.* Juan Pedro *lo imita. El* Padre *le sonríe, hipócrita.)* Me tiene en un puño.
Juan Pedro.—Hay prisiones dulces, señor.

Padre.—*(Lo mira, rompe a reír divertidísimo, lo palmea en el hombro. Entran* Dolores *y la* Madre. *Se adelanta, riendo.)* ¡Ah, por fin! *(Gentilmente, les besa las manos.)*
Dolores.—*(Con fingida dulzura.)* Mamá tuvo que cambiarse el vestido. ¿No se lo ordenaste?
Padre.—¿Yo? Tu madre es muy coqueta. Nunca se decide. *(Presenta.)* Juan Pedro. Mi mujer, mi hija Dolores.

(Juan Pedro *les besa las manos.* Dolores *le sonríe y lo mira burlona. La* Madre *y* Dolores *se sientan en el sofá.)*

Padre.—Rafael, sírvanos una bebida.
Dolores.—Está Fermín, papá.
Padre.—*(No la atiende, a* Juan Pedro.*)* ¿Prefiere licor, tenemos licor de ciruelas, té o... o quizás prefiera mate?
Juan Pedro.—No, mate no. Me cae ácido. Tomaré... licor.
Padre.—Licor, Rafael. (Rafael *va hacia el gran aparador, saca un botellón y copas.* Juan Pedro *lo mira curiosamente. El* Padre *descubre la mirada.)* Es el profesor de Dolores. Preceptor en casa. Como de la familia. Pero no está demás tomar algunas precauciones... Al elegir. *(Ríe con su risa espasmódica.)*
Juan Pedro.—*(Tarda un segundo en comprender.)* ¡Ah! *(Ríe discretamente.)* ¡Muy atinado, señor! Mi padre me eligió un profesor tonto porque no soportaba a nadie más inteligente que yo.
Dolores.—*(Dulcemente.)* ¡Qué difícil debió ser!
Juan Pedro.—¿Por qué? ¿Es que soy tan tonto?
Dolores.—*(Id.)* No. Decía. *(Se ríe boba.)*
Padre.—Dolores estudia francés. Y latín, que nadie estudia.
Dolores.—Y dibujo, papá.
Padre.—Dibujo. Podés mostrarle tus dibujos, Dolores.
Madre.—*(Tímidamente.)* A mí hay uno que me gusta...
Dolores.—*(La interrumpe sin oírla.)* ¡Cómo no! ¡Puedo recitar un poema también! ¿Quiere que le recite un poema?
Juan Pedro.—Con placer.
Dolores.—*(Sin levantarse del sofá, con la mirada perdida.)*

> Rodeada estoy de
> imbéciles y simulo que

soy tonta
los imbéciles me creen
y me hago la marmota.

(Mira a Juan Pedro.*)* ¿Qué le parece?

Juan Pedro.—*(Perplejo, intenta reír.)* ... Lindo...
Dolores.—*(Con una sonrisa almibarada.)* ¿No?
Juan Pedro.—Lindo, pero con una intención muy transparente.
Dolores.—¿Cuál?
Padre.—*(Le pone la mano sobre el hombro y aprieta.)* Hija única, Dolores es malcriada. Necesita una mano fuerte.
Dolores.—*(Secamente.)* Me hacés mal, papá.
Padre.—*(Hipócrita.)* Perdón. *(Aparta la mano.)* Mano fuerte en guante de seda. Es lo que necesitan las damas. *(Se oye pasar el carro.)* Y no sólo las damas.
Juan Pedro.—Estoy de acuerdo. Tenemos paz. No es un precio excesivo.
Dolores.—*(Con una sonrisa venenosa.)* Si lo pagan los otros.
Juan Pedro.—Y riqueza.
Dolores.—Si la disfrutan usted... y mi padre.
Padre.—*(Como en un juego, dulce y suavemente, pero con furia contenida, le pega en la boca con la punta de los dedos.)* Dolores, en boca cerrada no entran moscas, ¡cerrá la boca! ¿Y, Rafael? ¿Esa bebida?
Rafael.—*(Toma la bandeja que había dejado sobre la mesa y sirve.)* Enseguida, señor.
Padre.—*(Hacia* Juan Pedro.*)* ¡Salud! *(Bebe.)*
Juan Pedro.—A la suya. ¡Y a la salud de las damas! *(Bebe.)*
Dolores.—¿Por qué no se sirvió, Rafael? ¿No le gusta el licor?
Rafael.—Gracias, señorita. No... bebo.
Padre.—¡Sírvase, Rafael! ¡Usted es de la familia! *(A* Juan Pedro.*)* Come con nosotros.
Juan Pedro.—Y... ¿y no les molesta?
Dolores.—*(Secamente.)* ¿Por qué?
Juan Pedro.—Yo... yo tengo una particular sensibilidad hacia los defectuosos... Cualquier defecto físico me crispa.

MADRE.—*(Sonríe bondadosa.)* Pero Rafael es...

PADRE.—*(No la atiende.)* ¡Ah, le digo que se vaya! Váyase, Rafael. Después de todo no tiene por qué aguantarnos.

RAFAEL.—Como usted quiera, señor. *(Se inclina.)*

DOLORES.—¡No! *(Sonríe a* JUAN PEDRO.*)* Le pido una prueba de estima. Que se quede. No será tan flojo, ¿no?

JUAN PEDRO.—Es por sensibilidad. Pero, por supuesto, que se quede, si usted lo desea. *(Con una risita infame.)* ¡Miraré de costado!

RAFAEL.—*(Se dispone a marcharse.)* Buenos días.

JUAN PEDRO.—La señorita desea que se quede. Y yo me someto a sus deseos.

PADRE.—*(Como* RAFAEL *vacila.)* Quédese.

RAFAEL.—Sí, señor.

(Entra FERMÍN, *sosteniendo una bandeja. Sobre la bandeja, un plato de plata con una taza.)*

PADRE.—¿Qué, Fermín?

FERMÍN.—Como sé que el señor profesor no bebe, le traje un té.

PADRE.—¿Y desde cuándo...? *(Se ilumina.)* ¡Oh, está bien!

FERMÍN.—*(A* RAFAEL.*)* Sírvase.

RAFAEL.—Gracias. *(Toma el plato, que está ardiendo y le quema los dedos. Pega un grito y deja caer todo.)*

DOLORES.—*(Se incorpora con el rostro furioso.)* Papá, ¿cómo permitís...?

PADRE.—*(Ríe espasmódicamente.)* ¡Fermín, bestia! ¿Se quemó, Rafael?

RAFAEL.—*(Con el rostro contraído.)* No, señor. *(Se inclina para recoger la taza. La* MADRE, *que se ha incorporado alarmada, vuelve a sentarse. Mueve la cabeza, con mansa reprobación.)*

FERMÍN.—Deje, yo soy el criado.

DOLORES.—Papá, ¿cómo tolerás...?

PADRE.—Es una broma. Fermín, si hacés esto otra vez te echo a patadas.

FERMÍN.—*(Contento.)* Sí, señor. *(Sale.)*

PADRE.—Sentate, Dolores. No pasó nada. Tranquilícela, Rafael.

RAFAEL.—No me quemé, señorita.
JUAN PEDRO.—Es curioso... *(Aparta la vista.)*
PADRE.—*(Confidencial.)* ¡Yo la vi! *(Ríe, se atora.)*
DOLORES.—*(Abruptamente.)* Mamá toca el piano.
MADRE.—*(Tímida.)* ¡No, Dolores! ¿Qué decís?
DOLORES.—*(A JUAN PEDRO.)* ¿Sabe bailar?
JUAN PEDRO.—*(Se incorpora.)* Encantado. Si los señores permiten. Pero la señora dudaba...
PADRE.—La señora no duda. ¡Es una buena oportunidad para que exista! *(Ríe, se atora.)*
MADRE.—Hace tanto tiempo que no...
DOLORES.—*(Suavemente.)* Papá prefiere el silencio porque le gusta pensar. Y mamá andaba siempre con la musiquita. *(Extiende los dedos.)* ¡Se le cayó la tapa encima! *(Ríe ácidamente.)*
MADRE.—*(Apresurada.)* ¡Un accidente! Por eso... ¡debo tocar muy mal! Ya ni me acuerdo. Hace tanto tiempo que no...
PADRE.—Vamos, no seas vanidosa. *(Sincero.)* Tengo mal carácter. Me irritaba la música. Ya debieras conocerme.
MADRE.—*(Desarmada y casi con ternura.)* Te conozco. Benigno.
PADRE.—Entonces sabés que te lo pido sinceramente.
DOLORES.—¿Bailará, Rafael? ¿Quiere acompañarnos?
RAFAEL.—Perdón, señorita. Me excuso.
JUAN PEDRO.—*(Ríe.)* ¡Oh, sería cómico! *(Se pone los dedos sobre los ojos.)* ¡Miraré a través de los dedos para no impresionarme!
DOLORES.—*(Con una mirada mortal.)* ¿Impresionarse de qué?
JUAN PEDRO.—A veces soy torpe.
DOLORES.—*(Sonríe, con dulzura venenosa.)* ¡No! Es el tacto de la época. ¿Bailamos? ¿Y usted, Rafael?
RAFAEL.—No, gracias, señorita.
PADRE.—Baile, Rafael. No le pregunté si era profesor de danzas. Pero un hombre con su talento las sabe todas. *(La MADRE se ha sentado ya en el taburete y recorre las notas. El PADRE se acerca.)* ¿Te acordás?
MADRE.—*(Levanta hacia él un rostro iluminado.)* Sí, Benigno, ¡me acuerdo! *(Empieza muy mal un minué, después se afianza.)*
JUAN PEDRO.—*(Se acerca a DOLORES con la mano tendida, mira fugazmente hacia los padres y como los ve distraídos, le*

toca brutalmente un seno. Dolores *se aparta y lo mira con estupor.* Juan Pedro, *como si el gesto no hubiera tenido nada que ver con él, atiende un momento la música y en un punto dado, ofrece su mano a* Dolores. *Después de una breve vacilación,* Dolores *la acepta. Bailan.*)

Dolores.—Por favor, Rafael, acompáñenos. *(Lo mira intensamente.)* Usted no va a tener miedo de bailar.

Rafael.—Perdón, señorita.

Dolores.—*(Irritada.)* ¡No me pida perdón! *(Se aparta de* Juan Pedro, *quien termina una figura de minué donde debiera encontrar a* Dolores. *Pero ella baila sola en otro costado.)* Quiero que usted baile... conmigo. *(Sin acercarse, tiende la mano hacia él.)*

Rafael.—Seré...ridículo.

Dolores.—*(Desafiante.)* Sí.

Rafael.—Patético.

Dolores.—¡Sí!

Padre.—*(Ríe espasmódico, interpreta mal la escena.)* Dolores... *(Tímidamente,* Rafael *se adelanta. Bailan los tres, pero es obvio que* Dolores *no considera a* Juan Pedro. *Ella y* Rafael *se miran intensamente. El* Padre *observa divertido, pero poco a poco deja de sonreír, mira oscuro. Sacude el cordón del timbre. Luego, pega con la mano abierta sobre el piano.)* ¡Un vals! *(La* Madre *deja de tocar, el baile se interrumpe.)* ¿Te gusta el vals, Dolores?

Dolores.—Sí, papá.

Padre.—*(A la* Madre.) Un vals, entonces.

Madre.—*(Contenta.)* ¡Benigno, me pedís mucho!

Padre.—No. Es fácil. *(Tararea.)* Lo tocabas siempre cuando éramos novios. *(Le toma una mano y se la besa.)* Probá. Por mí.

Madre.—*(Sonríe tímidamente ante esa muestra de afecto e intenta recordar el vals, empieza, se equivoca, se va afianzando.)* Creía que no me gustaba más la música, pero... *(Levanta la cabeza, sonríe al* Padre, *que le devuelve la sonrisa. Como con sorpresa.)* ¡Me gusta! ¡Si no te aburre! *(Toca.)*

(Entra Fermín).

Fermín.—¿Señor?
Padre.—Los jóvenes están bailando.
Fermín.—Me alegro, señor.
Padre.—Rafael se quedó sin pareja.
Fermín.—*(Pesca al vuelo la intención y todo el diálogo es para llegar a un punto que los dos conocen.)* ¿Y qué debo hacer? ¿Busco una criada?
Padre.—¡No! Es demasiado poco. ¿Y desde cuándo las criadas bailan el vals? El candombe[4], Fermín.
Fermín.—¿Y yo?
Padre.—Sos más que un criado.
Fermín.—Gracias, señor. *(Sonríe.)* ¿Debo bailar con él?
Padre.—Si fueras tan amable...
Dolores.—*(Palidece.)* No es necesario, papá.
Fermín.—¿Me aceptará?
Padre.—Lo acepta, ¿no, Rafael? No es demasiado apuesta, pero... *(Ríe. La* Madre *se interrumpe.)* ¡No te detengas! ¡Mové los deditos!
Fermín.—¿Cómo debo bailar?
Padre.—Como sepas.
Fermín.—¿Lento?
Padre.—«Muy» lento.
Fermín.—*(Irónico, a* Rafael.*)* ¿Me concede esta pieza?
Rafael.—*(Enfrenta la humillación, orgulloso.)* ¡Sí! Las que usted quiera... señorita.
Fermín.—¡No! ¡La señorita es usted! *(Lo enlaza por la cintura, bailan.)*
Juan Pedro.—*(Mira risueño, luego a* Dolores.*)* ¿Bailamos?

(Sin contestar. Dolores *corre hacia la puerta. Con un rápido movimiento, el* Padre *la detiene, la mantiene abrazada contra su pecho.)*

---

[4] «candombe»: baile y su música que tiene su origen en el África bantú y se desarrolló en Argentina, Uruguay y parte del Brasil entre los esclavos negros durante la colonia. El toque simultáneo de tres tambores (Chico, Repique y Piano) produce su característico ritmo. Con el tiempo sus músicos se convirtieron en comparsas carnavalescas. En el lenguaje coloquial se usa en el sentido de «danza ruidosa».

PADRE.—*(Con fingida dulzura.)* ¿Por qué te vas? ¿Te cansaste de nuestra compañía?
DOLORES.—No, papá. No me cansé.
PADRE.—Entonces bailá. *(Una breve pausa.)* O mirá a la parejita. ¿No es deliciosa?
DOLORES.—Sí... papá. (JUAN PEDRO *lanza una risita.)* ¿Por qué se ríe?
JUAN PEDRO.—*(Risueño.)* Perdón. Como dice su padre, es deliciosa.
DOLORES.—¡Sí! Soltame, papá. No me iré. *(El* PADRE *la suelta.)*
DOLORES.—*(Lo mira.)* Me gusta ver hacer el ridículo a la gente.
PADRE.—*(Señala a* FERMÍN *y a* RAFAEL*.)* A «ellos» tenés que mirar. *(Se acerca al piano.)* ¡Más rápido! ¡Qué vals dormido! *(A la* MADRE.*)* Tenías más sangre antes. Me querías más. ¡Más rápido! *(Golpea con la mano abierta sobre el piano. La* MADRE *acelera el ritmo, no tanto porque el* PADRE *se lo pide sino porque tiene excusa para su propio placer.* RAFAEL *se agota, pero lucha por seguir a* FERMÍN.*)* ¡Más rápido! (FERMÍN *acelera aún.)*
DOLORES.—*(Mira, no lo soporta.)* ¡Basta! *(A la madre.)* ¡Dejá de tocar!
PADRE.—¡Más rápido!
DOLORES.—¡No quiero que bailen! *(Intenta separar a* RAFAEL *de* FERMÍN, *pero los dos giran tan vertiginosamente que sólo consigue que la empujen de un lado y de otro. Demudada.)* Por favor, por favor... *(Un empellón la arroja sobre* JUAN PEDRO.*)*
JUAN PEDRO.—¡Qué brutos! *(La ayuda a incorporarse. Con una rápida ojeada, percibe que nadie los observa y toca a* DOLORES *como alguien que aprovecha burdamente la ocasión.)*
DOLORES.—*(Lo rechaza. Lo mira como sin reconocerlo.)* Por favor, por favor...
PADRE.—*(Grita, golpeando con la mano abierta sobre el piano, mientras* FERMÍN *y* RAFAEL *bailan en un torbellino que gira y gira y gira.)* ¡Más rápido! ¡Más rápido! ¡Más rápido!

Escena VI

El salón. Hay libros y cuadernos sobre la mesa. DOLORES *y* RAFAEL. DOLORES *levanta la tapa del piano, recorre algunas teclas.*

DOLORES.—Mi madre siempre tocaba el piano. Le gusta la música. Pero mi padre odia todo placer que no provenga de él. Como no puede dar placer, da odio. Y lo llama amor. Mi madre no toca más el piano, cree que no le gusta la música. Y lo más curioso es que... también ella llama amor al odio de mi padre. Y a veces... hasta yo lo llamo de la misma manera.
RAFAEL.—*(Suavemente, le aparta las manos del teclado, baja la tapa.)* Vamos a estudiar.
DOLORES.—¿No querés que te cuente nada?
RAFAEL.—No, señorita... Dolores. No me corresponde saber nada. *(Se sienta a la mesa. Sin mirarla.)* ¿Por qué quiso separarnos ayer? Al final... no pudo verme hacer el ridículo.
DOLORES.—No, no eras vos quien lo hacías. ¿Me creés?
RAFAEL.—*(La mira, no contesta. Suavemente.)* Siéntese. *(Ella lo hace, a su lado.* RAFAEL *abre un libro, lee).*

Elle avait pris ce pli[5] dans son âge enfantin
De venir dans ma chambre un peu chaque matin
Je l'attendais ainsi qu'un rayon qu'on espère...

---

[5] «Elle avait pris ce pli»: poema de Victor Hugo de *Les Contemplations* (1856); recuerda, en la primera parte, la costumbre de su hija Léopoldine de visitarle en su habitación a las mañanas y, en la segunda, lamenta su muerte. La indirecta declaración de amor de Rafael «Et je lui disais: je t'aime», obviamente, es un añadido suyo; en el original continúa: «Elle entrait, et disait: Bonjour, mon petit père», a lo que siguen los pequeños actos inocentes de la niña que lo desarregla todo.

(Levanta la vista y la mira.) Et je lui disais: je t'aime.

DOLORES.—*(Lo mira.)* Y yo decía: te amo.
RAFAEL.—En francés, es je t'aime. *(Simula leer.)* Il lui disait: je t'aime.
DOLORES.—Te amo.
RAFAEL.—*(Una pausa.)* No debe hacer esto... conmigo. *(La mira, ya no dice una frase prestada.)* Je t'aime.
DOLORES.—*(Pone su mano sobre la de él.)* Nos iremos juntos. Campos Dorados se llama. Y fijó la boda dentro de tres meses.
RAFAEL.—Los latinos decían que el nombre es el destino.
DOLORES.—*(Con aprensión.)* Me llamo Dolores. ¿Es mi destino ese? ¿El dolor?
RAFAEL.—El nombre verdadero. Belleza. O alegría. Dolores mi alegría.
DOLORES.—Nos iremos juntos.
RAFAEL.—¿Dónde?
DOLORES.—Afuera. *(Se abre la puerta.* DOLORES *aparta rápidamente la mano. Entra* FERMÍN, *con una bandeja, la jarra y una sola taza. Deposita todo sobre la mesa, los mira curiosamente y sale.)* Donde nos sirvan dos tazas de chocolate y podamos beberlas juntos. Donde no griten melones y dejen cabezas. Donde mi padre no exista. Donde por lo menos el nombre del odio sea odio.
RAFAEL.—Es imposible.
DOLORES.—Tenés miedo.
RAFAEL.—No tengo miedo. Pero sé que es imposible. No podremos ocultarnos. Mi joroba hablará.
DOLORES.—¿Es que no vale la pena?
RAFAEL.—Vale la pena. *(Extiende la mano, aprieta fuertemente la de* DOLORES. *Entra* FERMÍN *y* RAFAEL *aparta rápidamente la mano.)*
DOLORES.—¿Qué querés, Fermín? ¿Quién te llamó?
FERMÍN.—El señor tiene que darle órdenes al jorobado. Dice que vaya.
DOLORES.—*(Furiosa.)* ¡No lo llamés así!

Rafael.—No importa. Lo soy. *(Sonríe mansamente. Burlón.)* Estoy «hecho de tal manera que un mal pintor[6] no me hubiera dibujado peor en la oscuridad». Ya vuelvo. *(Sale.* Fermín *permanece en el salón, mueve los pies, indeciso.)*
Dolores.—¿Qué querés?
Fermín.—*(Tímido.)* Le traje algo.
Dolores.—¿Qué?
Fermín.—*(Pone la mano en el bolsillo, saca un pajarito oscuro, se lo tiende a* Dolores.*)* Está muerto.
Dolores.—Sí.
Fermín.—A mí me gustan las cosas muertas, ¿a usted no?
Dolores.—No, Fermín.
Fermín.—No se mueven. No rezongan.
Dolores.—«Yo» te rezongo. Sos ofensivo con Rafael.
Fermín.—A él no le importa.
Dolores.—A mí sí.
Fermín.—¿Lo sabe su padre?
Dolores.—¿Qué?
Fermín.—¿Que a usted le importa?
Dolores.—Sólo me importa que no lo llamés...
Fermín.—*(Con placer.)* Joro-ba-do. Está bien. No lo llamo más. *(Insiste con el pájaro muerto.)* ¿Lo quiere o no?
Dolores.—No.
Fermín.—*(No entiende. Sonríe.)* ¡Está bromeando! ¡Tome! *(Se lo pone en la mano.)* Cuando era chica le gustaban los regalos que le traía.
Dolores.—*(Suavemente.)* Me daban horror.
Fermín.—*(Herido.)* ¡Todo un verano le traje arañas!

---

[6] «hecho de tal manera que un mal pintor...»: alusión a Georg Christoph Lichtenberg (1742-1799), científico, crítico y pensador alemán, físicamente deformado por una joroba. Hoy día es reconocido, en primer lugar, por sus «Sudelbücher» (borradores), conjunto de pensamientos y observaciones, de tal concisión que se suelen incluir en el género de los aforismos. Gambaro menciona su lectura en *Escritos inocentes*: «Releí a Lichtenberg. Caja de sorpresas. Él sí sabía ser libre. Caminaba por su cuenta, nadie podría desviarlo, alcanzarlo en su inteligencia. Tan inteligente que *imaginaba*» (1999, pág. 16). Cita uno de sus aforismos: «Un libro es como un espejo: si un mono se mira en él, no verá reflejado un apóstol» para aplicarlo a sus compatriotas: «Un país es como un espejo: si un argentino se mira en él, no verá reflejado...» [*sic*] (*id.*, 41).

DOLORES.—Me daban horror.

FERMÍN.—¡Déme! *(Le saca el pájaro. Furioso.)* ¡Tiene la joroba llena de cicatrices! ¡De mi mano!

DOLORES.—¡Callate!

FERMÍN.—¡De mi mano! ¡Por su culpa! Si usted quiere...

DOLORES.—¿Qué?

FERMÍN.—Puedo agarrarlo una noche y...

DOLORES.—*(Se asusta.)* No, no es necesario.

FERMÍN.—Soy bueno con usted. La vi nacer.

DOLORES.—Sí. Dame. *(Tiende la mano hacia el pajarito.)*

FERMÍN.—*(Caprichoso.)* ¡No! *(Lo esconde tras la espalda.)* Le apreté el cogote, para usted, y me lo despreció.

DOLORES.—Hice mal. Dámelo. *(Como un niño caprichoso, FERMÍN niega con la cabeza.)* Sí. Lo voy a cuidar. (FERMÍN *le tiende el pajarito.* DOLORES *lo toma, le alisa las plumas con la punta del dedo.)* Es lindo.

FERMÍN.—*(Sonríe.)* Quieto. No canta.

DOLORES.—Gracias, Fermín. Lo guardaré. Ahora... andate[7].

FERMÍN.—¿No me da un premio por mi regalo?

DOLORES.—Sí. (FERMÍN *se acerca, se arrodilla y le besa el pie.* DOLORES *lo aparta enseguida.)*

FERMÍN.—Antes me dejaba más. No me gusta que esté tanto tiempo con ése. Se lo dije al señor.

DOLORES.—¿Qué le dijiste?

FERMÍN.—*(Malévolo.)* ¿Le interesa? ¿Qué me da si se lo cuento?

DOLORES.—¡Nada! ¡Los chismosos me asquean!

FERMÍN.—¡Deme el pajarito!

DOLORES.—*(Ríe, con esfuerzo.)* ¡No, Fermín! ¿Por qué te enojás? Es un lindo pájaro... sólo que está muerto. *(Lo acaricia.)* Gracias, Fermín.

FERMÍN.—Si le gusta... déjeme. (DOLORES *tiende el pie*, FERMÍN *le besa el zapato, tiende tímidamente la mano hacia el tobillo.)*

DOLORES.—¡Basta! *(Suaviza el tono.)* Basta, Fermín. Fermincito. Mi padre te estará buscando. Sos su mano derecha.

---

[7] «andate»: «vete», argentinismo.

Fermín.—*(Se alza.)* ¡Sí que soy su mano derecha! *(Va hacia la puerta. Se vuelve.)* Hace rato que no me llamaba Fermincito. ¡No le voy a decir nada al señor! ¡Y le buscaré más regalos, como antes! *(Va a salir.)* Y usted, ¡no hable tanto con el jorobado! ¡Se la dejé marcada, la joroba! *(Ríe, sale.)*

Dolores.—Por mi culpa. Jorobado. ¿Por qué no lo digo, por qué me ofende que lo digan los otros? *(Con esfuerzo.)* Joroba-do. Mi Rafael es jorobado. ¡No! No tiene joroba, no tiene defecto alguno. Lo querría sin piernas. Ciego. *(Con cuidado, sin mirar, deposita el pájaro sobre la mesa. Sin mirar, se limpia las manos.)* Jo-ro-ba-do. ¿Por qué me enamoré de un jorobado si hay tantos derechos, normales, si hay tantos hombres que caminan sin ningún peso en las espaldas? Con el alma negra, ¡pero ningún peso en las espaldas! *(Con esfuerzo, entre dientes.)* Rafael jorobado. ¡Joro-ba-do! *(Se tapa la boca.)* ¡No puedo!

(Entra Rafael.*)*

Rafael.—No sé para qué me mandó llamar. ¡Tonteras! Algo que combinó con Fermín y... *(La mira.)* ¿Qué te pasa?
Dolores.—Nada. *(Se incorpora.)* Te miro.
Rafael.—*(Tristemente.)* ¿Y cómo me ves?
Dolores.—*(Corre hacia él, lo abraza, repite y es cierto.)* ¡Hermoso, hermoso, hermoso!

Escena VII

Dolores *y la* Madre *en el salón. La* Madre *le acomoda el vestido. La mira.*

Madre.—Estás bonita. Pero pálida.
Dolores.—La emoción, mamá.
Madre.—Juan Pedro es maravilloso, tan cortés, ¿lo notaste? Siempre me pide permiso.
Dolores.—*(Burlona.)* Y te conquistó.
Madre.—¿Y a vos no? Tu padre está muy contento.
Dolores.—¿Ya hicieron negocios juntos?
Madre.—¡Qué ocurrencia!
Dolores.—*(Simula ingenuidad.)* ¿Por qué? Papá tenía unos campos para vender, Juan Pedro unos campos para comprar. Papá está bien relacionado y Juan Pedro está mejor. Papá aprueba y Juan Pedro aplaude. Y los dos dicen que los inmundos, salvajes, asquerosos, deben morir. Y esto abarca mucho. ¿Quién no es salvaje? ¿Quién no es asqueroso? ¿Quién no es inmundo? Sólo el poder otorga una pureza que nada toca.
Madre.—Dolores, cuando hablás así no te conozco. ¿No será Rafael quien...?
Dolores.—¿Ése? Ése no sale del francés y del latín, mamá. Si piensa, piensa en un idioma que nadie entiende.
Madre.—Estás pálida. *(Le pellizca las mejillas.)* Así tendrás mejor color.
Dolores.—Más alegría.

(FERMÍN *abre la puerta a* JUAN PEDRO.)

JUAN PEDRO.—Señoras. *(Saluda a la* MADRE, *luego a* DOLORES, *cuya mano retiene un momento entre las suyas.)* Me siento muy feliz.
DOLORES.—Yo también.
JUAN PEDRO.—Acabo de comprar una casa. Estoy ansioso porque usted la vea. Podríamos ir mañana. Con su permiso, señora.
MADRE.—*(Contenta.)* Lo tiene.
JUAN PEDRO.—*(A* DOLORES.*)* Quisiera que fuera de su agrado.
DOLORES.—Todo es de mi agrado.
JUAN PEDRO.—Y que elija los muebles. Ya los tengo vistos, pero desearía su aprobación.
DOLORES.—*(Remedando a la* MADRE.*)* ¡La tiene!
JUAN PEDRO.—*(A la* MADRE.*)* ¿Puedo esperar que nos acompañe, señora?
MADRE.—Sí, encantada. ¿Hacia el mediodía? *(A* DOLORES, *inquieta.)* ¿Creés que tu padre tendrá algún inconveniente? Él, para el almuerzo, es...
DOLORES.—*(La interrumpe.)* Ninguno. ¿Pero para qué? Todo estará perfecto. Aunque haya dos sillas, una mesa, una cama.
JUAN PEDRO.—*(Sonríe.)* Más que eso habrá.
DOLORES.—Lo sé. Compraremos plantas y ese será nuestro lujo. Las plantas y las flores. Y me gustaría una hiedra.
JUAN PEDRO.—El lujo serán las cortinas de raso granate, y los muebles importados y las alfombras. Una servidumbre numerosa para que no la roce ninguna fatiga.
DOLORES.—Me gusta cuidar las plantas.
JUAN PEDRO.—Por supuesto, las cuidará. Como ocio.
DOLORES.—Es usted muy amable. Y tendremos hijos.
JUAN PEDRO.—*(Con una sonrisa embarazada hacia la* MADRE.*)* También.
MADRE.—Siéntense y charlen tranquilos. Traeré mi costura y les haré compañía. *(Sale.)*
DOLORES.—Con el profesor me deja sola.
JUAN PEDRO.—Es un jorobado. Y... *(Sonríe.)* Y yo tengo más derechos. *(Sin otra palabra, se le tira encima. La toca brutal-*

mente y pretende besarla. Dolores *se resiste. La escena se desarrolla en silencio, intensa y violenta. Ante un ruido de la puerta,* Juan Pedro *se separa y se recompone rápidamente. Entra la* Madre.)

Madre.—*(Con una sonrisa.)* Acá estoy. *(Ve agitada a* Dolores, *pero no se permite registrar la verdad. Le acaricia la mejilla al pasar.)* ¡Qué colores! ¡Siéntense! Yo terminaré esto. *(Se sienta aparte, con su costura.)*

Juan Pedro.—Le decía a Dolores que me siento muy feliz. *(A* Dolores.*)* No sabía...

Dolores.—Yo tampoco. Me parecía que todos los hombres eran tontos y serviles. Ahora comprendo.

Juan Pedro.—¿Qué?

Dolores.—Que nada es tan simple como uno cree. Y nada tampoco tan complicado. Que lo derecho puede ser torcido y lo giboso plano como un campo dorado. *(Ríe, ácida.)*

Juan Pedro.—No entiendo. ¿Por qué no hablar llanamente? No soy hombre de estudios.

Dolores.—Por eso del profesor tonto que le eligió su padre, debe ser. Quería decir que basta encontrar a quien nos está destinado.

Juan Pedro.—¿Soy yo?

Dolores.—Es quien debe ser.

Juan Pedro.—Gracias. *(Mira hacia la* Madre. *para observar si los vigila. La* Madre *levanta la cabeza en ese momento y le sonríe.* Juan Pedro *roza entonces, apenas, delicadamente, la mano de* Dolores *con la suya.)* Le pedí a su padre que despida al jorobado.

Dolores.—¿Por qué?

Juan Pedro.—No es agradable de ver. *(Lanza una risita.)* La belleza pide belleza, y además, falta tan poco para que nos casemos, tres meses apenas... Es superfluo. Ya sabe lo que una mujer debe saber y el resto... se lo enseñaré yo.

Dolores.—Justo. Pero hasta que nos casemos, que se quede. Después no aprenderé más nada.

Juan Pedro.—Salvo a ser mi esposa.

Dolores.—Lo aprenderé bien. ¿Le pedirá a mi padre que lo deje hasta entonces?

Juan Pedro.—Sí. Si es su deseo.

Dolores.—Es mi «tonto» deseo. Le diré que cuando usted me visite, se esconda. Yo no lo miro. No necesito mirarlo.

Juan Pedro.—Es usted hermosa. *(Mira hacia la* Madre, *quien tiene la cabeza baja sobre su costura. Entonces, toma la mano de* Dolores *y se la aprieta contra el sexo.* Dolores *se aparta con violencia.)*

Dolores.—Mamá, Juan Pedro se va.

Madre.—¿Tan pronto?

Juan Pedro.—Sí. *(Se levanta.)* Pasaré a buscarlas mañana para ver la casa.

Madre.—Iremos con gusto.

Dolores.—Ya la imagino. Paredes encaladas...

Juan Pedro.—*(Sonríe.)* Rojas...

Dolores.—Y una mesa de pino.

Juan Pedro.—Roble.

Dolores.—Y sillas de paja. (Juan Pedro *ríe.)* Y una cama no muy grande...

Madre.—Dolores...

Dolores.—Perdón, mamá.

Juan Pedro.—Hasta mañana. A las doce estaré aquí. *(Besa la mano a* Dolores. *La* Madre *lo acompaña. Salen.)*

Dolores.—Esa será «nuestra» casa, estúpido, no la tuya. *(Se asoma* Rafael.*)* ¡Rafael!

Rafael.—¡Dolores! ¿Lo viste?

Dolores.—Acaba de marcharse.

Rafael.—¿De qué hablaron?

Dolores.—No importa.

Rafael.—Sí, importa.

Dolores.—¿Estás celoso?

Rafael.—Sí.

Dolores.—¿Cómo son tus celos?

Rafael.—*(Finge ferocidad.)* ¡Brrr! ¡Lo mataría! *(Cambia de tono.)* Lo odio... con su espalda derecha.

Dolores.—¿Derecha? Es un nudo lascivo.

Rafael.—¿Qué? ¿Por qué?

Dolores.—¡Por nada! ¿Ya arreglaste todo?

Rafael.—Sí. Del otro lado del río no pasan carros, no hay silencio impuesto.

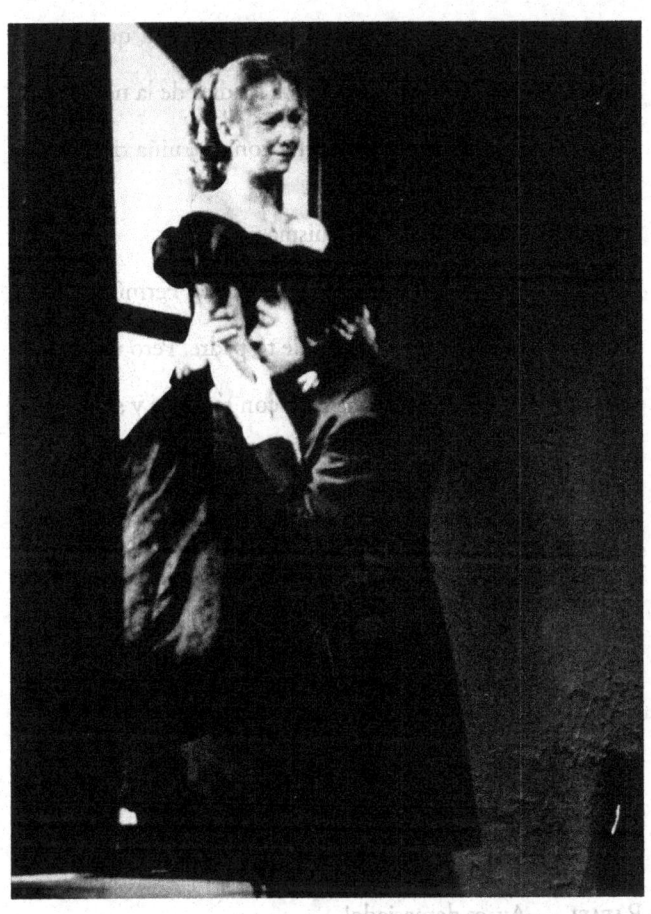

Soledad Silveyra y Óscar Martínez en *La malasangre*.

Dolores.—Dicen que es una ciudad pequeña que todavía tiene un tiempo de paz. ¿Cuándo, Rafael?
Rafael.—Hoy. Cruzaremos el río a las diez de la noche.
Dolores.—¡Oh, tengo tal susto, Rafael!
Rafael.—Y yo también. ¡Atreverse con una niña rica! Es grave esto que hago.
Dolores.—Que hacemos.
Rafael.—No se mide con la misma vara.
Dolores.—¿Te arriesgo?
Rafael.—No. Lo que arriesga es la infamia. Fermín o...
Dolores.—Mi padre.
Rafael.—Sí. Y la ciudad detrás de tu padre. Pero todo saldrá bien.
Dolores.—Tendremos una casa con retamas y santa ritas. Y una cama chica.
Rafael.—Grande.
Dolores.—¿Por qué grande?
Rafael.—*(Le cuesta, pero hace la broma.)* ¡Para que no te tropieces con mi joroba! *(Ríe con esfuerzo, pero como Dolores ríe libremente, se tientan los dos, felices.)* Y no tendremos nada rojo. Nada que huela a sangre.
Dolores.—Todo blanco.
Rafael.—Todo blanco hasta en la oscuridad.
Dolores.—Mostrame los ojos. *(Se los besa.)* Te quiero con los ojos abiertos y cerrados. Y tendremos niños.
Rafael.—No de mí.
Dolores.—*(Enojada.)* ¿De quién si... no? ¿Qué pensás?
Rafael.—*(Sonríe, triste.)* No saqués las garras, leona.
Dolores.—Las saco con los tontos. Serán hermosos. Seguro. Como vos, tan derecho adentro, tan bien construido.
Rafael.—¡Ay, es demasiado!
Dolores.—Demasiado, ¿qué?
Rafael.—Este amor...
Dolores.—*(Ríe, canturrea.)* ¡Rafael se asustó! Es una niña bonita, ¡tiene miedo del amor!
Rafael.—¿Quién tiene miedo? *(La abraza cuerpo a cuerpo.)*
Dolores.—*(Contesta.)* ¡Rafael!
Rafael.—¿Yo tengo miedo? ¿Te parece? *(La aprieta.)*

DOLORES.—*(Por un segundo no entiende. De pronto.)* ¡Oh, Rafael! *(RAFAEL ríe.)* ¡Soltame! ¡Estoy de novia!
RAFAEL.—*(La suelta.)* ¡Con el señor de los Campos Dorados! *(Remeda a JUAN PEDRO.)* ¿Baila conmigo?
DOLORES.—*(Remeda, con las manos abiertas sobre los ojos.)* ¡No lo miraré para no asustarme!
RAFAEL.—¡Sí me mirarás! *(La persigue en torno de la mesa.)*
DOLORES.—¡No que me impresiono!
RAFAEL.—*(Logra sujetarla por una mano.)* Te salvás de un buen nombre, ¡señora de los Campos Dorados!
DOLORES.—*(Ríe.)* ¡Ay, qué nombre! ¡Campos Plateados!
RAFAEL.—¡Dorados!
DOLORES.—¡Inundados! *(Remeda.)* Es superfluo que usted estudie. Ya sabe lo que una mujer debe saber y el resto... se lo enseñaré yo.
RAFAEL.—*(Tierno y alusivo.)* ¡«Yo» te lo enseñaré! *(Ríe.)* Acercate.
DOLORES.—¡No! *(Ríe, se escapa. Con gran ruido, se protege con una silla. Se oye pasar el carro. Atienden los dos, dejan de reír.)*
RAFAEL.—¡Ssss! Hagamos silencio.
DOLORES.—¡No! ¡No me asusta ningún maldito carro! No sólo te elijo a vos, ¡elijo cabezas sobre los hombros!
RAFAEL.—Sí, pero hagamos silencio. ¡No seas loca!
DOLORES.—¡No soy! Yo, Dolores, soy cuerda y dejo la locura a los tristes. Vení. ¿Querés casarte conmigo?
RAFAEL.—Sí.
DOLORES.—¿Cuándo?
RAFAEL.—Mañana.
DOLORES.—A esta hora estaremos lejos. ¿Querés vino?
RAFAEL.—No bebo.
DOLORES.—*(Lo abraza.)* Entonces, te bebo a vos.
RAFAEL.—*(Tiernamente alusivo.)* Pero entero, ¿eh? *(DOLORES ríe, cierra los ojos con la cabeza apoyada sobre el hombro de RAFAEL. Se oye pasar el carro.)*
DOLORES.—*(Se pone rígida, se separa.)* Pasa el carro otra vez.
RAFAEL.—Sí. No debemos olvidarlo, Dolores. Aunque seamos felices, no debemos olvidar que pasa el carro. Yo también: no sólo te elijo a vos, elijo cabezas sobre los hombros...

*(Se oye pasar el carro. Se miran inmóviles. En un momento,
Dolores extiende la mano hacia el rostro de Rafael. La deja
inmóvil en el aire. Rafael se inclina y apoya su rostro en la
mano.)*

Escena VIII

El salón en penumbras. Dolores *espera en un rincón, un abrigo sobre los hombros, sosteniendo un pequeño atado entre sus manos. Hay un ruido afuera, no muy fuerte, como una puerta que bate o que se abre y se cierra.*

Dolores.—*(Se sobresalta, susurra.)* ¿Rafael? *(Silencio. Suspira y deja el atado en el suelo. Canta como una niña que teme la oscuridad, pero la voz se le quiebra. Silenciosamente, entra alguien.)* ¿Rafael? *(Se acerca y toca. Con una exclamación ahogada.)* ¡Mamá!
Madre.—¿Qué estás haciendo aquí, Dolores? A esta hora.
Dolores.—No podía dormir. Tenía... hambre.
Madre.—*(Grave y reticente.)* Sí. No comiste en la cena.
Dolores.—Por eso.
Madre.—Hubieras ido a la cocina. Llamado a un criado.
Dolores.—No... se me ocurrió.
Madre.—Podés irte a dormir. *(Una pausa.)* No vendrá.
Dolores.—¿Quién?
Madre.—Rafael. *(Le saca el abrigo de los hombros.)* Vestida para salir. *(Señala el bulto en el suelo.)* Se iban a ir juntos. Robaste la casa.
Dolores.—*(Ríe temblorosa.)* ¡Qué idea! Hacía frío. Tengo frío. *(Esboza un gesto para tomar el abrigo, pero no lo concluye.)*
Madre.—Nunca mentías.
Dolores.—*(Un silencio.)* Es verdad. *(El diálogo siguiente se desarrolla en tono casi confidencial, la voz de* Dolores *demasiado tranquila.)*

Madre.—Tu padre se enteró.

Dolores.—¿Se enteró? ¿Cómo? *(Silencio de la* Madre.*)* ¿Cómo? ¿Lo sabías?

Madre.—Me di cuenta.

Dolores.—Vos te diste cuenta, ¿y él? ¿Se lo dijo Fermín? *(Silencio de la* Madre.*)* ¿Fermín?

Madre.—No.

Dolores.—Tampoco vos mentís. *(Le acaricia la mejilla.)* Te lo agradezco. ¿Se lo dijiste? ¿Cuándo?

Madre.—Antes de la cena, esta tarde.

Dolores.—Si comimos juntos después y no... Papá me dijo: chiquita, comé. Y bromeó. Estaba contento y sabía... ¿Por qué estaba contento?

Madre.—Sabía.

Dolores.—¿Dónde está Rafael?

Madre.—*(Intenta marcharse.)* Vamos a dormir.

Dolores.—*(La retiene.)* ¿Dónde está?

Madre.—Ya no importa.

Dolores.—*(Muy bajo, pero con gran tensión.)* «¿Ya?». Antes y después y siempre importa. *(Alza la voz.)* ¿Ya?

Madre.—No grités.

Dolores.—¿Todo el mundo duerme?

Madre.—No. Nadie duerme.

Dolores.—¿Y Rafael?

Madre.—Duerme.

Dolores.—¿El...?

Madre.—¡Duerme!

Dolores.—*(Incrédula.)* Nos... denunciaste. Estuviste espiándonos y... nos denunciaste.

Madre.—No. Yo pensé que...

Dolores.—Si nunca pensaste nada. ¿«Cuándo» empezaste a pensar? ¿Para qué?

Madre.—Pensé que era mejor.

Dolores.—Oh, qué algodón tenés adentro. Qué algodón sucio...

Madre.—Dolores.

Dolores.—Dolores mi alegría.

Madre.—¿Dónde iban a ir? Mi chiquita que roba en su casa y... y un jorobado por...

130

Dolores.—*(Con odio frío y concentrado.)* Envidiosa. Aceptaste todo desde el principio, envidiosa de que los otros vivan. No por cariño. Miedo. Tímida de todo. A mí me hiciste esto. Miedo de vivir hasta a través de mí. Humillada que ama su humillación.
Madre.—No quiero oírte, no entiendo, no... Siempre fuiste caprichosa. ¡Vamos a dormir! *(Con angustia.)* Acostate en tu cama y...
Dolores.—Espero a Rafael.
Madre.—Y tapate... y cerrá los ojos y... la puerta de tu cuarto para que nadie entre...
Dolores.—Espero a Rafael.
Madre.—No vendrá.
Dolores.—¿Por qué estás tan segura? Duerme, dijiste, ¿Cómo puede dormir?
Madre.—No vendrá.
Dolores.—¿Por qué? ¿Qué le han hecho? ¿Qué le ha hecho ese hombre que odia todo lo que no sea su poder?
Madre.—Ya...
Dolores.—*(Salvaje.)* ¡Dije que no digas «ya»! ¡Voy a buscarlo!
Madre.—¡No! *(La retiene.)*
Dolores.—¡Dejame salir! ¿Nadie duerme? ¡Pues que se muestren despiertos! *(Se suelta.)* ¡Voy a buscarlo!
Madre.—¡No vayas!
Dolores.—*(Se detiene.)* ¿Por qué?
Madre.—Lo traerán aquí. ¡Yo no quería!
Dolores.—¿Qué?
Madre.—*(Vencida.)* Que lo trajeran...
Dolores.—¿Le han... pegado? ¿El escarmiento? ¿Creen que los seres escarmientan? ¿Pero qué piensan que somos? ¿Qué bestias son que no se conocen?
Madre.—Callate. *(Rompe a llorar.)*
Dolores.—Tus lágrimas. *(Lentamente.)* Ahora. Ya entiendo.
Madre.—*(Llora.)* ¡Dolores!
Dolores.—Qué espanto me dan tus lágrimas. Me pusiste un buen nombre. El nombre es el destino. *(Alza la voz.)* ¡Yo no lloraré! Seca en mi odio. ¿Por qué estamos en esta oscuridad? Es de noche. *(Sonríe crispada.)* Iba a escaparme. Pero

no hay razón para la oscuridad. Encenderé las luces. *(Enciende febrilmente las velas, una por una, pero habla con tensa tranquilidad.)* Para vernos las caras, mamá. Si no, una puede engañarse, oigo tu llanto, pero no lo veo bien. ¿Te pegó papá? ¿Por eso llorás? ¿A ver tu cara? *(Brutalmente, le toma el rostro que la* MADRE *quiere hurtar.)* Es la misma. Más fea. Tocate. *(Le lleva la mano a la cara.)* Un tumor sobre la boca y telarañas sobre los ojos. Lagañas también. ¡Tocate! Vas a sentir tu propia fealdad. *(La deja.)* Y mi cara, ¿cómo es ahora? *(Se toca.)* No me la conozco. Pero no es mi cara la que me importa. ¡Ni la tuya!

MADRE.—No grités, Dolores, no me guardés rencor. ¡Se me escapó todo de las manos! Tu padre me preguntó y...

DOLORES.—*(Con exasperación contenida, como si intentara una explicación común.)* Es lo que pasa, mamá. Cuando se decide por los otros, es lo que pasa, se escapa todo de las manos y el castigo no pertenece a nadie. Entonces, uno finge que no pasó nada y todo el mundo duerme en buena oscuridad, y como el sol no se cae, al día siguiente uno dice: no pasó nada. E ignora su propia fealdad. ¡Tocate! *(Con una sonrisa crispada.)* Y para colmo, encendí las luces. *(La* MADRE *tiende la mano para apagar una.)* ¡No te atrevas! ¡Necesito ver el castigo! Necesito que no me quiten eso, el cuerpo castigado. *(Va hacia la puerta, grita furiosa de dolor.)* ¡Fermín! ¡Fermín! *(*FERMÍN *se asoma enseguida.)* Nadie duerme hoy en esta casa. ¿Qué te ordenó mi padre?

FERMÍN.—Que lo trajera.

DOLORES.—¿Y qué esperás, lacayo? ¿Que te llore?

FERMÍN.—Conocí a la señorita de niña. No me gusta que sufra.

DOLORES.—*(Ríe.)* ¡Buena respuesta! *(Se corta. Feroz.)* ¡Tráelo!

FERMÍN.—Su padre me lo ordenó. *(Su brutalidad se impone. Sonríe.)* Quería que el jorobado no faltara a la cita.

DOLORES.—*(Suavemente.)* No lo hagás faltar. *(Sale* FERMÍN. DOLORES *enciende otra vela. Con dura naturalidad.)* Quedó apagada ésta. ¿Me ves bien, mamá?

MADRE.—Dolores, ¿por qué no te fuiste?

DOLORES.—*(Con frío desprecio.)* ¿A encerrarme en mi cuarto? No hay ninguna puerta para el dolor, mamá. ¡Tonta! *(Se *abre la puerta.* Fermín *carga el cuerpo sin vida de* Rafael. *Lo arroja como un fardo sobre el piso.* Dolores, *inmóvil, no aparta la vista.)*

Fermín.—*(Con un gesto de excusa.)* Yo le hubiera pegado nada más. *(Se le escapa la risa.)* ¡En la joroba!

Madre.—Está bien, Fermín. Andate.

(Sale Fermín.*)*

Dolores.—*(Siempre con la vista fija en* Rafael.*)* Gracias, mamá. *(Con movimientos rígidos, se acerca, se arrodilla junto a él. Serena y en silencio. No lo toca. Lo mira largamente.)* No bastaba pegarte, jorobadito. Pero no fue por tu joroba. Jorobadito. Todos debemos vivir de la misma manera. Y quien pretende escapar, muere. *(La* Madre *solloza.* Dolores *se alza.)* ¡Fuera!

Madre.—*(Intenta acercarse.)* ¡No me echés! ¡Es que tu padre es tan duro!

Dolores.—*(Salvaje.)* ¡Fuera! ¡Quiero estar sola! ¡Decile gracias! ¡Le agradezco que me permita mirar a mi muerto! ¡Pero no quiero llantos a mi alrededor! ¡Llanto hipócrita! ¡Fuera!

(Entra el Padre, *con* Fermín, *quien trae una bandeja con una jarra y tres tazas.)*

Padre.—*(Muy tranquilo.)* ¿Quién grita? Dolores, no me gustan los gritos. No me dejan pensar. Vamos a dormir todos, ¿eh? Ni hablaremos de esto. Nos bebemos una taza de chocolate y...

Dolores.—A dormir... *(Mira a los tres, masculla con un odio contenido y feroz.)* ¡Canallas! ¡Canallas! ¡Que el odio los consuma! ¡Que la memoria no los deje vivir en paz! ¡A vos, con tu poder, y a vos, mano verduga, y a vos, hipócrita y pusilánime!

Padre.—¿Qué criamos? ¿Una víbora? ¡Ya te sacaremos el veneno de la boca!

Dolores.—¡No podrás! ¡Tengo un veneno dulce, un veneno que mastico y trago!

Padre.—Peor para vos. Ahora a dormir, ¡y es una orden!
Dolores.—*(Ríe.)* ¿Qué? ¿Cómo no te das cuenta, papito? Tan sabio. *(Furiosa.)* ¡Ya nadie ordena nada! *(Con una voz áspera y gutural.)* ¡En mí y conmigo, nadie ordena nada! ¡Ya no hay ningún más allá para tener miedo! ¡Ya no tengo miedo! ¡Soy libre!
Padre.—*(Furioso.)* ¡Silencio! ¡Nadie es libre cuando yo no quiero! ¡En esta casa, mando yo todavía! ¡Dije a dormir!
Dolores.—¡Jamás cerraré los ojos! Si me dejás viva, ¡jamás cerraré los ojos! ¡Voy a mirarte siempre despierta, con tanta furia, con tanto asco!
Padre.—¡Silencio!
Dolores.—¡Te lo regalo el silencio! ¡No sé lo que haré, pero ya es bastante no tener miedo! *(Ríe, estertorosa y salvaje.)* ¡No te esperabas ésta! ¡Tu niñita, tu tierna criatura...!
Madre.—¡Dolores!
Dolores.—Dolores, ¿qué? *(Desafiante, al* Padre.*)* ¡Dolores mi alegría, me decía el jorobado! ¡A tus espaldas!
Padre.—¡Te moleré a golpes! *(Va a pegarle, pero la* Madre *se interpone y recibe el bof*etón.)*
Dolores.—¡Gracias, mamá! ¡A buena hora! ¡El algodón sucio sirve! ¡Te dije que no tengo miedo! ¡Menos de éste!
Padre.—¡Que se calle! ¡Fermín, llevátela! ¡Sáquenla de mi vista!
Dolores.—*(Forcejea, mientras* Fermín *la arrastra, grita furiosa.)* ¡Te odio! ¡Te odio!
Padre.—¡Silencio!
Dolores.—*(Con una voz rota e irreconocible.)* ¡El silencio grita! ¡Yo me callo, pero el silencio grita!

(Fermín, *junto con la* Madre, *la arrastra hacia afuera y la última frase se prolonga en un grito feroz. Una larga pausa.)*

Padre.—*(Mira de soslayo el cuerpo de* Rafael. *Se yergue inmóvil, con los ojos perdidos. Suspira.)* Qué silencio...

Después de un momento

TELÓN